川喜田半泥子
無茶の芸

千早耿一郎
龍泉寺由佳
共著

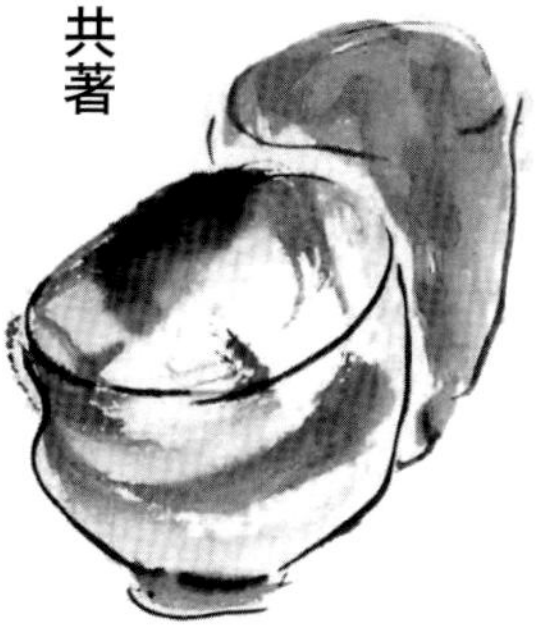

二玄社

目次

「東都大伝馬街繁栄之図」部分

序

木綿の里

「東都大伝馬街繁栄之図」安藤広重画（石水博物館蔵）

伊勢は木綿の里。その木綿を持って伊勢商人は、早くから江戸に進出し、大伝馬町に軒を連ねた。その繁栄ぶりは、安藤広重（歌川広重）の版画により窺うことができる。

うだつや箱棟の上がった建物。それぞれの暖簾に描かれた店の名のほとんどは伊勢商人である。左側に見える「川喜田」はもちろん、右側の「いほうや」も川喜田家の屋号であった。道路には、着飾った女たちや、槍持ちを連れた武士の姿も見える。

この繁栄は、昭和まで続いた。半泥子は、青年時代、人力車夫に「大伝馬町まで」と言えば、現金を持っていなくても乗せてくれた、と言っている。

左は、半泥子の筆になる大伝馬町の歴史。学者にも注目されたが、各所に散りばめられた軽妙洒脱なエピソードがおもしろい。

本誌と「仕入帳」（資料編）の表紙は紅染め、帙は紺染めの木綿により被われる。

著者名は「紺野浦二」。「紺の裏地」の洒落である。序文を親戚筋にあたる作家、水上滝太郎に頼んだが、任にあらずと断られ、かわりに正誤表が送られてきた。半泥子はそれをそっくりそのまま掲げた。

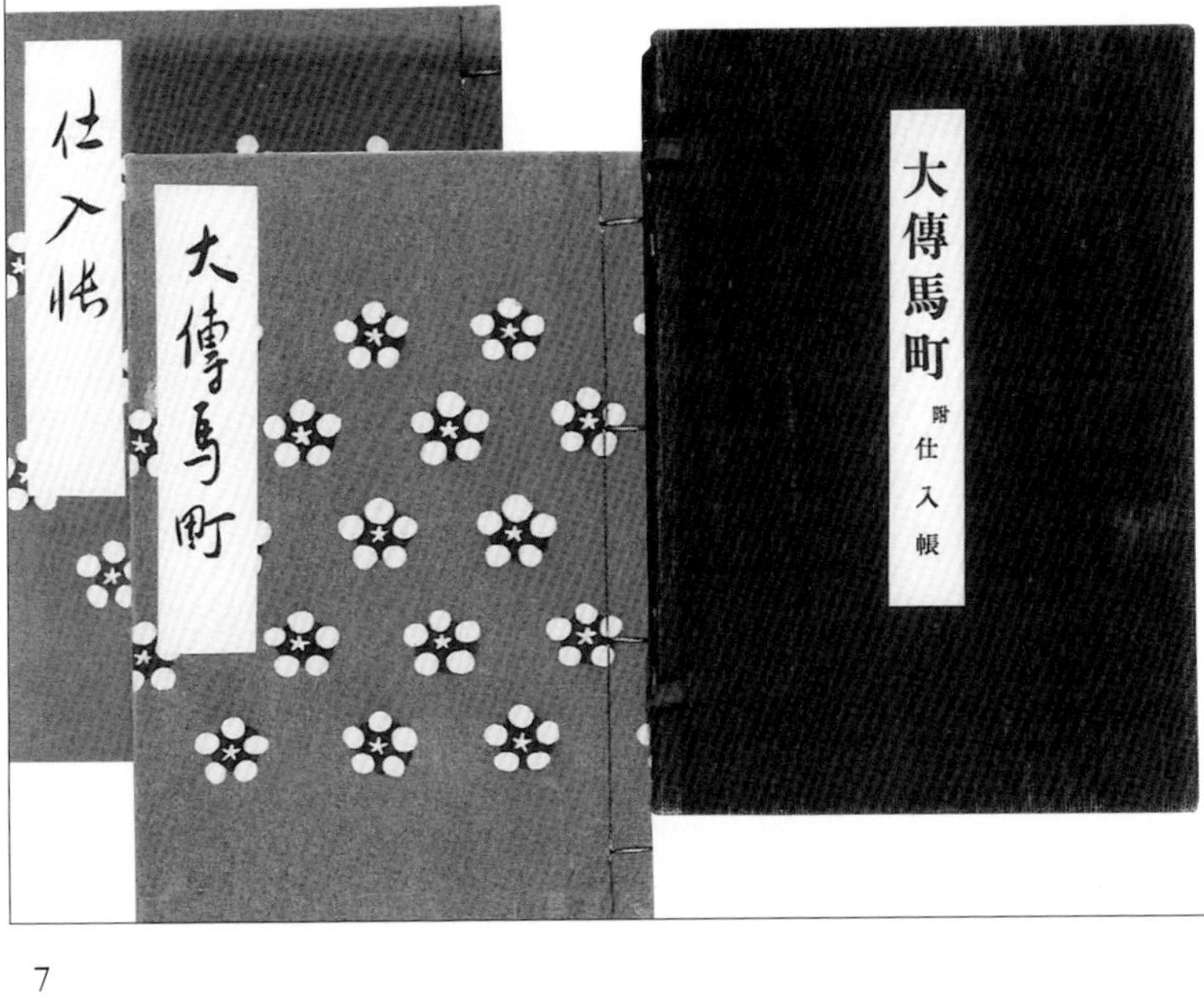

『大伝馬町』（石水博物館蔵）

自転車に乗る半泥子

ハンモックで読書をする半泥子

祖母・政（半泥子撮影）

半泥子の祖母・政は、伊勢射和（現、松阪市内）の豪商・竹川竹斎の妹であった。竹斎は国学、天文にも造詣深く、灌漑などの公共事業をも行なった。また、佐藤信淵、勝海舟とも親交があり、北海道探検家・松浦武四郎の後援者としても知られる。

半泥子は生まれると間もなく、祖父と父とを相次いで亡くし、満一歳に満たずして川喜田家の第十六代当主となり、久太夫政令を名乗る。まだ若い母は実家に帰され、以後もっぱら政が半泥子を養育した。多くの召使いにかしずかれて半泥子がわがままな人間に育つことを恐れた。

次に掲げるのは、一八九九（明治32）年、半泥子満二十一歳の誕生日に、政が与えた遺訓である。半泥子は常時これを懐中にし、のち長女・秋子が嫁するとき、その写しを書いて持たせた。

右は、中学時代の半泥子。津でもっとも早く自転車を購め、乗った。のち川喜田商店の店主として、店の改革を図ったとき、中学生風の制服を定め、街灯を設けるとともに、自転車を置いて小僧たちに喜ばれた。

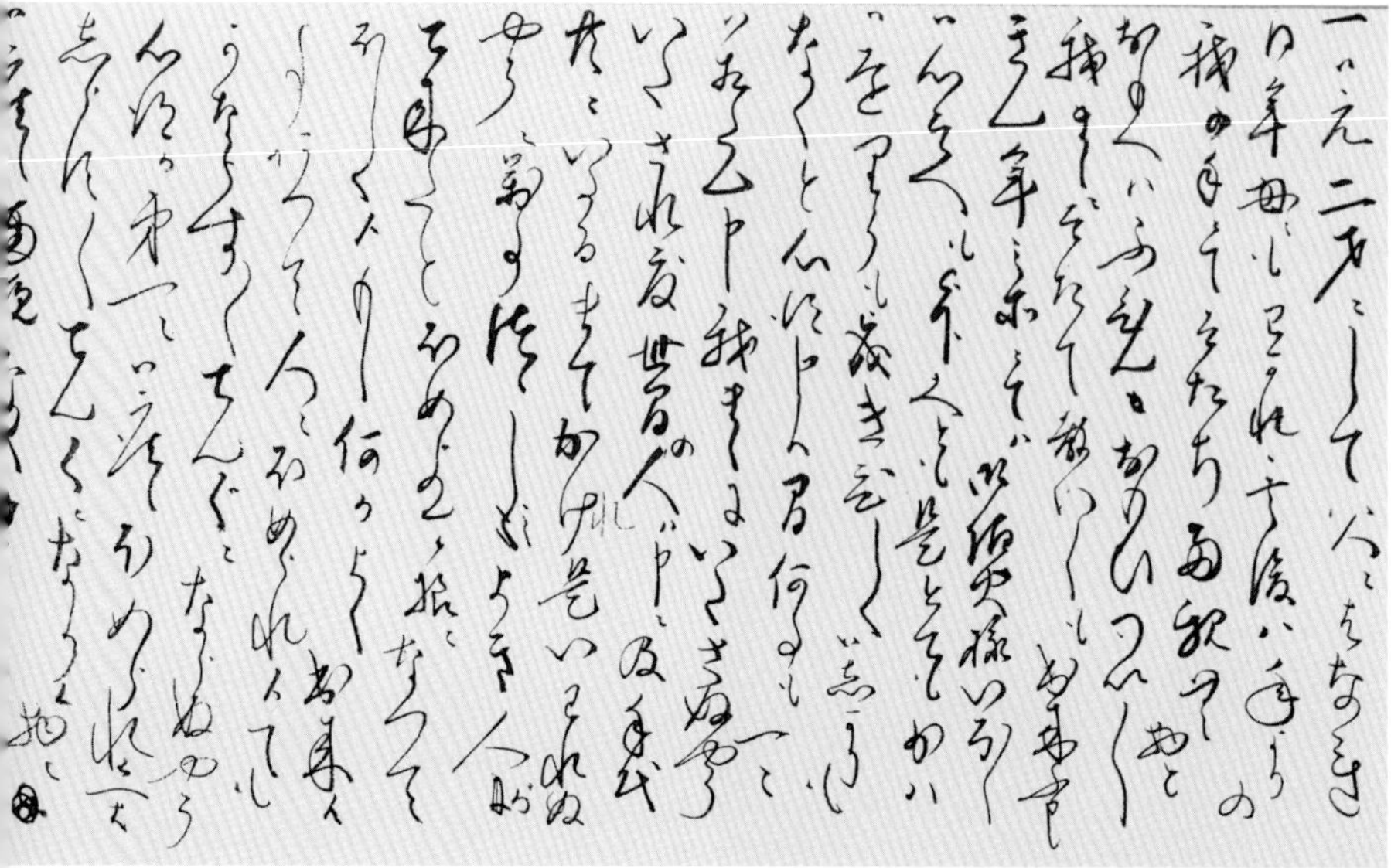

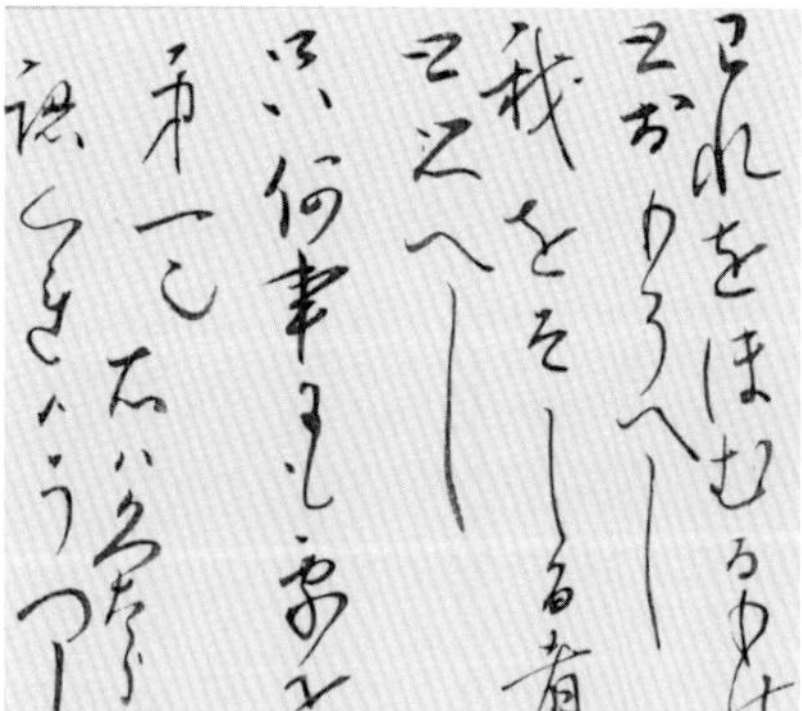

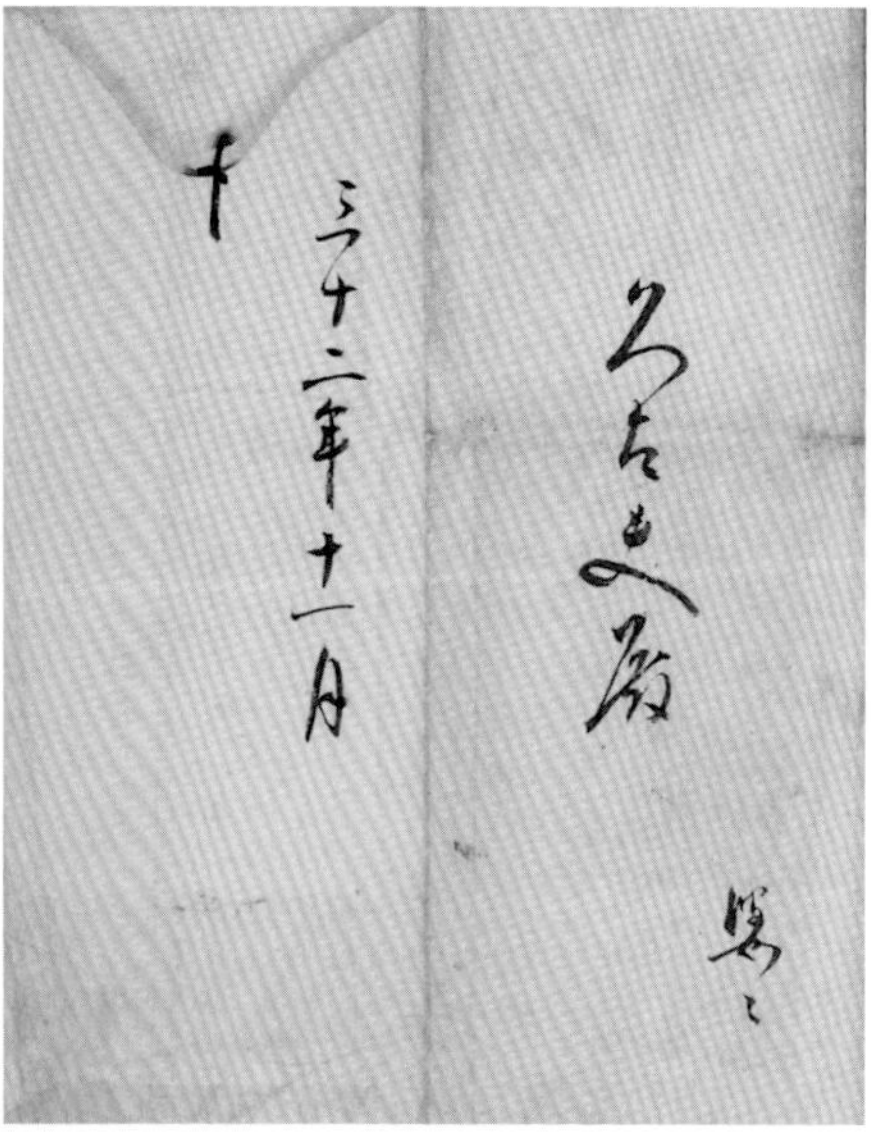

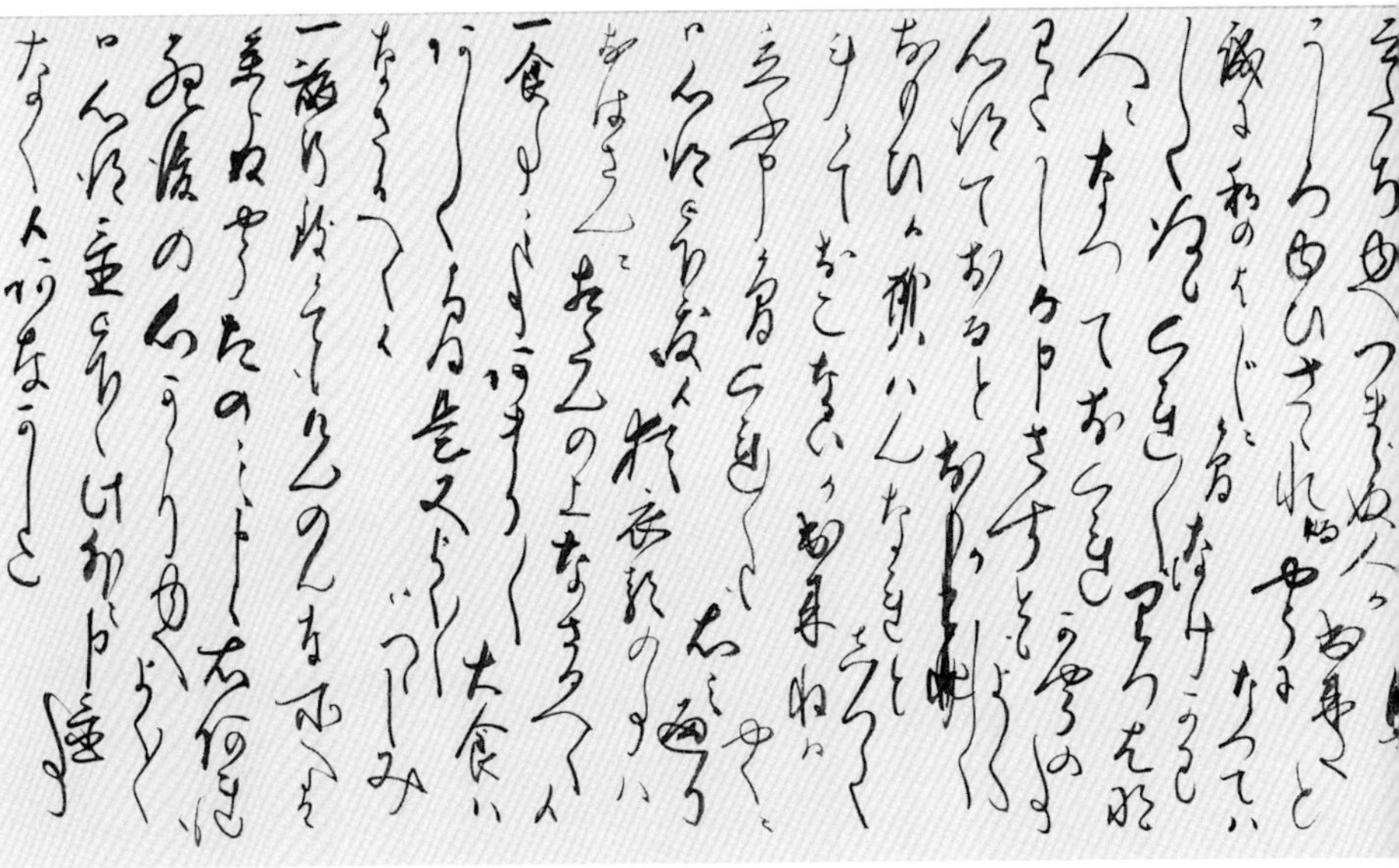

一　御元二才にして父にはなれ　同年母にもわかれ　其後は年よりの我が手にてそだち　両親無物とおもへばふびんにおもひ　つい〳〵我まゝにそだて　教いくも出来不申　きん年之所にては　御伯父様いろ〳〵御心そへも被下候へども　是とても少は御遠りうも被成　きびしく御しかりもなくと心得申候間　何事も一々御相だん申我まゝにいたさぬやういたされ度　世間の人は申に及　手代共にいたるまで　かれ是いわれぬやうに　万事つゝしみ　よき人が出来たとほめられ候様になつてほしく候　もし何かよく出来候事あつて人にほめられ候ても　かならず〳〵てんぐにならぬやう心得が第一に御座候　ほめられ候へばしらず〳〵てんぐになり候物に御座候　両親なく年よりの婆々そだちゆへ　つまらぬ人が出来たと　うしろゆびさゝれるやうになつては誠に私のはじに候間　なげかわしく存候　くれ〴〵もりつぱな人になつておくれ　かやうの事　わたしが申さずともよく心得ておるとおかしくおもひ候はんなれどしつた計にておこなひが出来ねば　やくに立不申候間　くれ〴〵も右之通り御心得被下度候　猶衣類の事はおばさんに相だんの上なさるべく候

一　食事之事あまり〳〵大食はあしく候間　是又よく〳〵御つゝしみなさるべく候

一　旅行致候ても　けんのんな所へは参らぬやうたのみ申候　右何れも死後の心かゝりゆへ　よく〳〵御心得置被下度候　此外に申置事なく候　あなかしこ

己れをほむるものはあくまとおもうべし

我をそしる者は善知しきと思べし

只何事にも我をわすれたるが第一也　右は久太郎がわたしへ認くれ候うつし也　婆々　久太郎殿　三十二年十一月

千歳山荘

I
無茶

大徹老禅師画像箱書　一九一〇（明治43）年

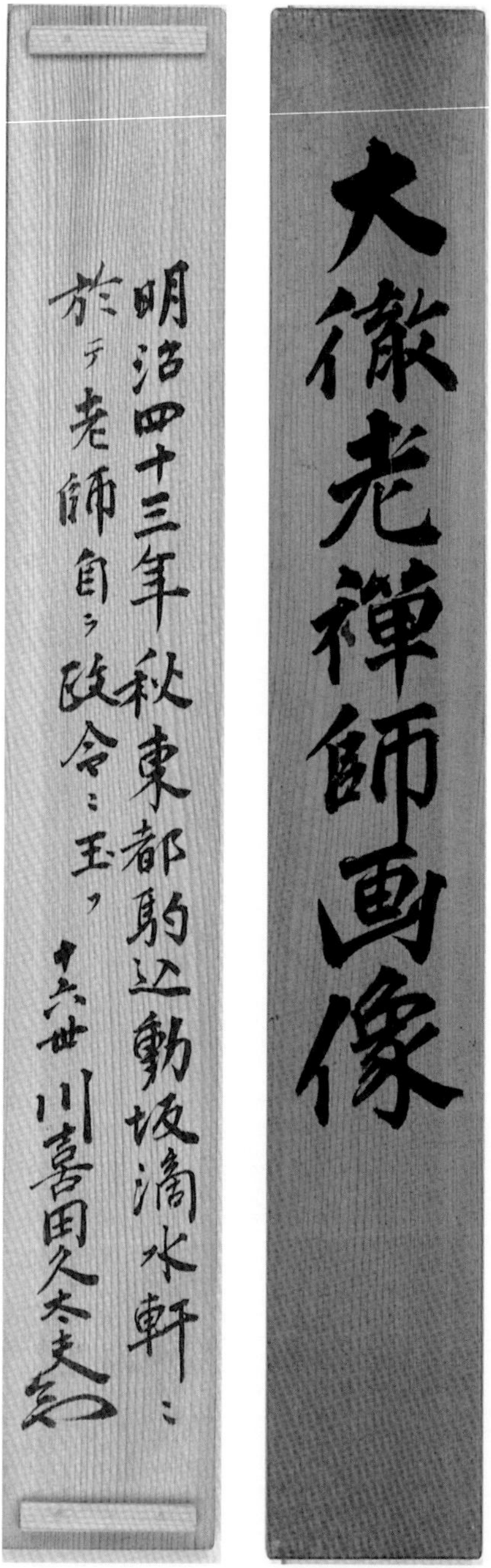

大徹老禅師画像
明治四十三年秋東都駒込動坂滴水軒ニ
於テ老師自ラ政令ニ玉フ　十六世川喜田久太夫

半泥子は三十一歳のとき、祖母・政に薦められ、初めて参禅した。場所は江戸動坂（現・文京区千駄木付近）の不動軒。師は大徹禅師（一八二八〜一九一二）。三重県御座の出身、伊勢朝熊山金剛証寺で得度、京都の東福寺、三河の長松寺で修行し、南禅寺管長になったのち東京に移り、駒込動坂に庵室を結び、ここで遷化した。

半泥子という号は、大徹禅師から授かったという。「半ば泥みて、半ば泥まず」という意味。何にでも没頭し、泥んこになりながら、それでも冷静に己を見つめることができなければならない、という意味である。

半泥子の参禅は、その後も時にふれ折にふれ、京都の大徳寺などでなされた。

半泥子三十三歳のとき、大徹禅師からその肖像画をたまわる。右は、半泥子によるその箱書。

大徹老禅師画像　井村方外画　大徹禅師賛（石水博物館蔵）

心静即舟涼　他是阿誰声　前南八十三翁大徹自賛（心静かなれば舟涼し　他に是誰に阿る声）

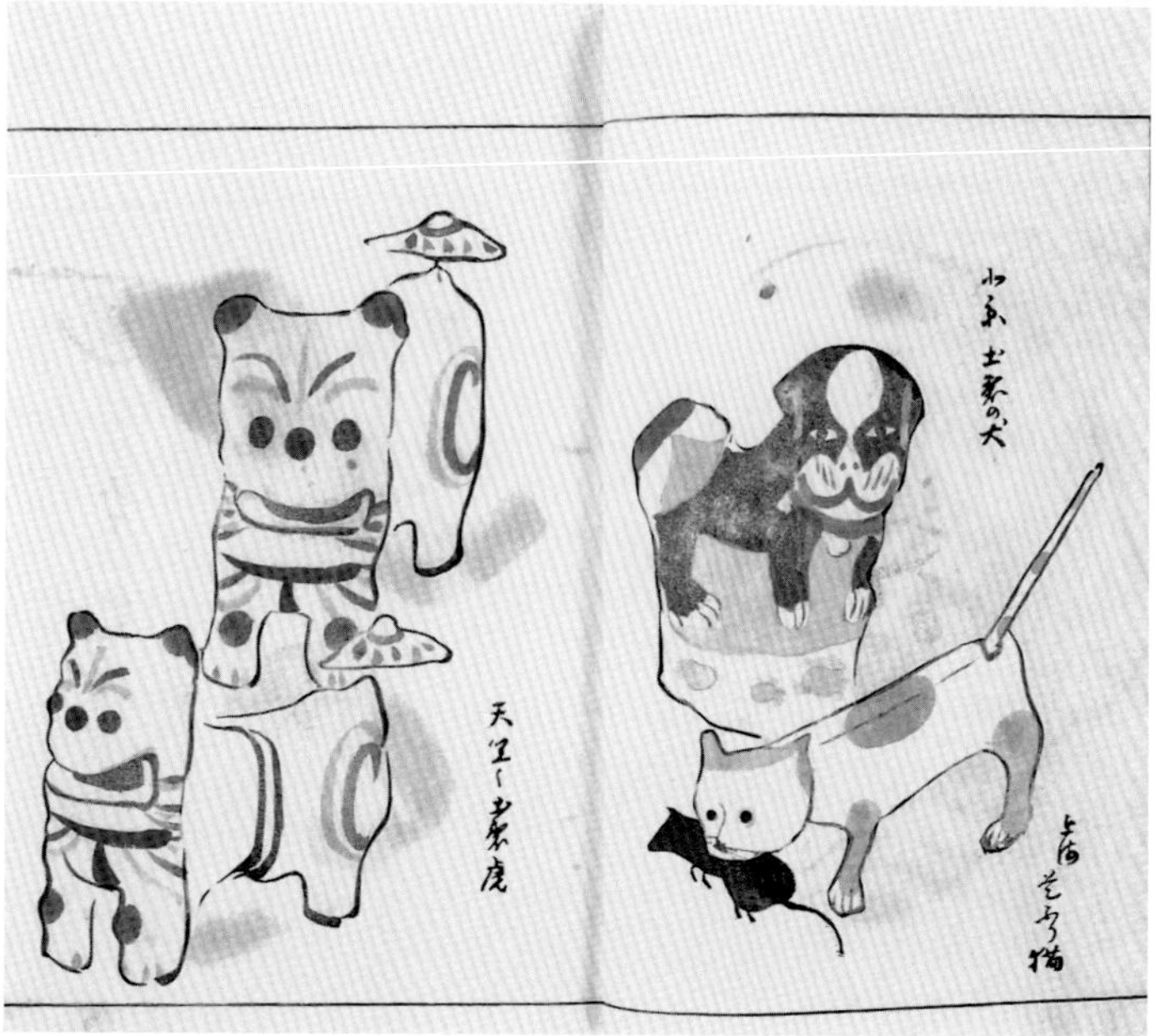

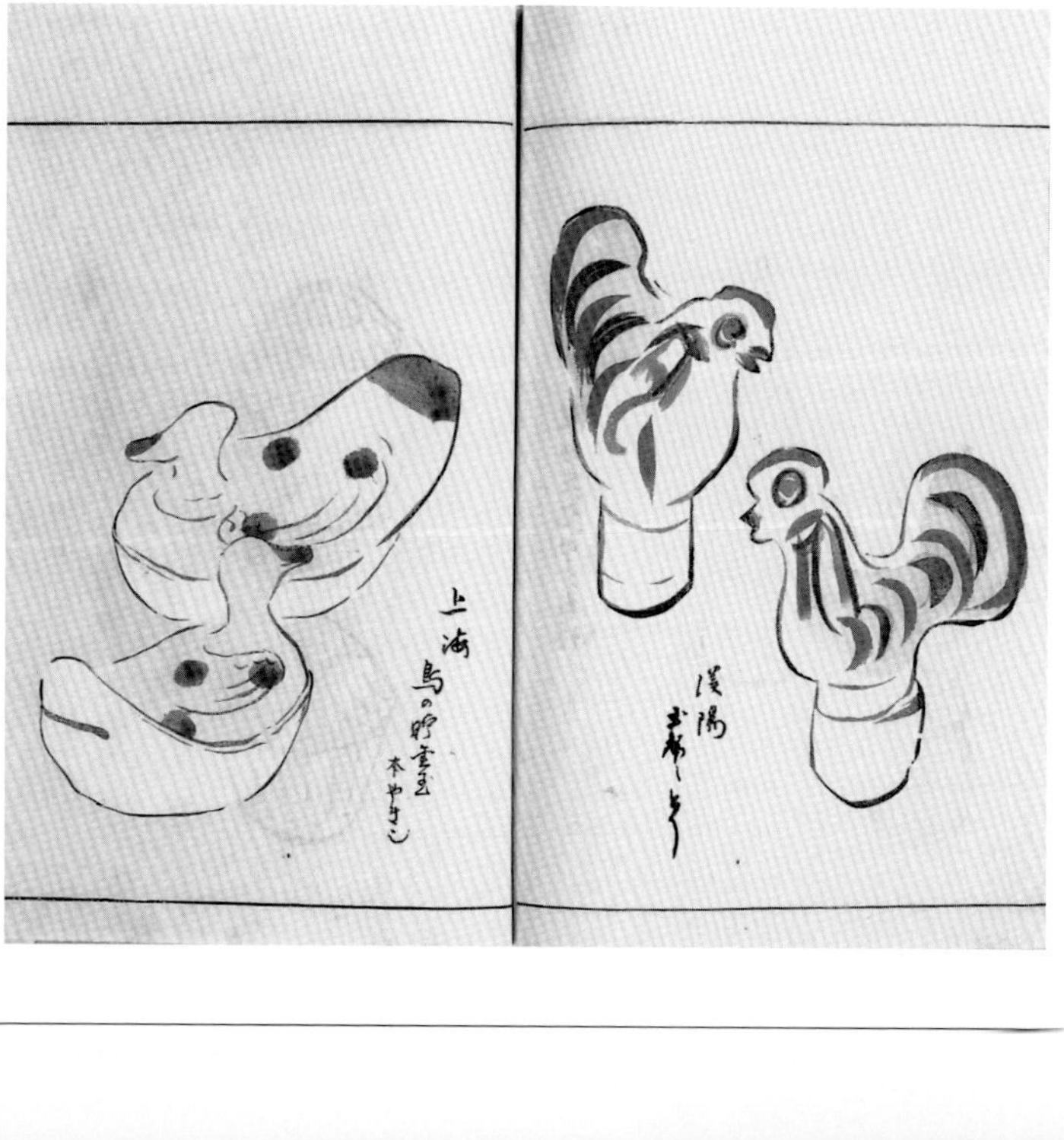

玩具図『唐子の友』より　一九一六（大正５）年頃

『唐子の友』扉

這個是怎麼様　儞看々（どうです　ご覧下さい）
寅歳の山人　寅の子を
得て得意の体たらく也　写して巻首に題す
甲寅五月

半泥子は、早くから「集古会」の会員であった。集古会は、東京に本部を置く趣味人たちの集まりで、器物、書画、ゲテモノの蒐集展覧、知識の交換を目的とし、会員は巌谷小波（作家）、内田魯庵（評論家）、久保田米斎（画家）、柳田国男（民俗学者）、安田靫彦（画家）、三村竹清（書家）、山中共古（牧師）ら百人を超えた。一八九六（明治29）年から一九四三（昭和18）年まで雑誌「集古」を刊行。半泥子もこれにしばしば文章を寄せている。

一九一三（大正2）年の中国、朝鮮の旅行のとき半泥子は、中国の土俗玩具をたくさん購入した。そのときの蒐集品、あるいは現地で見たものをスケッチし、後年『唐子の友』として出版した。「唐子」とは、中国の子どもの意味。集古会の三村竹清と山中共古（笑）とが序文を寄せた。半泥子三十三歳のときである。

この年、初めて轆轤を使い花入を作ったという記録が残されている。

太刀図　一九二三（大正12）年

大正十二年亥之春　千歳山主

藤島武二「桜の美人」（石水博物館蔵）

半泥子が三重県尋常中学校（のちの津中学、現津高校）に通っていたときの絵画の教師は、藤島武二であった。のち黒田清輝に招かれ東京美術学校の助教授になるまでの三年間、藤島はこの中学校にいた。在学中、ストライキの指導もした半泥子であったが、藤島武二には心酔し、その薫陶を受けた。

「絵画芸術では単純化ということは、最も大切なこと」と、藤島は言った。この言葉は、半泥子の「美」に対する考えに強く影響した。

半泥子は、油絵をも描いているが、特に日本画にその能力を発揮した。単純化した線や色彩には、見る者の想像力をかきたてるものがあった。

半泥子は社会人になってからも、しばしば藤島武二に会っている。有名な赤星家の所蔵品の売り立てにも、藤島に誘われて行った。

右の太刀図は、鯉の滝上りを描いたもの。落款にいわく、「道楽三昧」と。

半泥子にとって焼物も絵も書も、すべて「道楽」であった。「道楽」だから売ることを考えず、心のめざすままに作り、書きまた描くことができた。

書「無茶」

無茶

山里茶席内部

半泥子は、何度も外国旅行を試みている。一九二三（大正12）年には、長男・壮太郎を連れて、アメリカ、ヨーロッパに出帆した。その送別会の折、ある芸者が半泥子に言った。「九星による運命判断では、金回りが八方ふさがりやから、今年は洋行をやめた方がええ」と。半泥子は「留守中、八方がふさがっていたら、かえって用心がええやないか」と言った。「あんたは、無茶星や」と芸者が言ったという。

半泥子はこれをおもしろがり、あらためて「無茶法師」と名乗るようになった。

一九三五（昭和10）年から一九四一（昭和16）年にかけて雑誌「やきもの趣味」に連載された、軽妙洒脱な随筆「泥仏堂日録」には、もっぱらこの「無茶法師」が使われた。既存の型、定型にとらわれないことが「無茶」であり、自由な精神である。

右の「無茶」の書の表装にしても、風帯は「書き風帯」。落款印は「MU茶」。

半泥子は、ほかにも多くの号を持っていたが、焼物にはもっぱら「半泥子」を、書画には多く「無茶法師」を用いた。

左、山里茶席については、54ページ参照。

仏船ポールレカ夜の甲板

「洋行スケッチ帖」から　一九二三（大正12）年（石水博物館蔵）

俳誌「かいつむり」表紙

半泥子は、当時としては珍しく、数多くの外国旅行を試みている。多くは家族のだれかを同行した。もちろん船旅である。

一九一三（大正２）年、中国、朝鮮へ。

一九二三（大正12）年、欧米へ。

一九二四（大正13）年、北九州を経て上海へ。

一九二七（昭和２）年、仏印、カンボジア、ジャワ、バリへ。

一九三七（昭和12）年、朝鮮全羅南道へ。

中国、朝鮮への旅行では、北魏仏を購め、また陶芸用の土を集め、土俗の玩具や貯金玉（貯金箱）を集めた。一九三七年の朝鮮への旅行は、廃窯を修復し、現地の土で茶碗を作り、一窯焼くという、ほかにだれもしなかったことをした。

左は俳誌「かいつむり」。桑名の梶島一藻の主宰。一九二三（大正12）年創刊のときから、半泥子は加わった。半泥子は風刺の利いた狂歌や都々逸も多く残しているが、七五〇句ほど書いた俳句は師匠の影響を受けてか、すべてが、オーソドックスなものである。それでいて、ときにハッとさせる生命力を感じさせるものがあった。旅の絵巻にもそれは現れている。

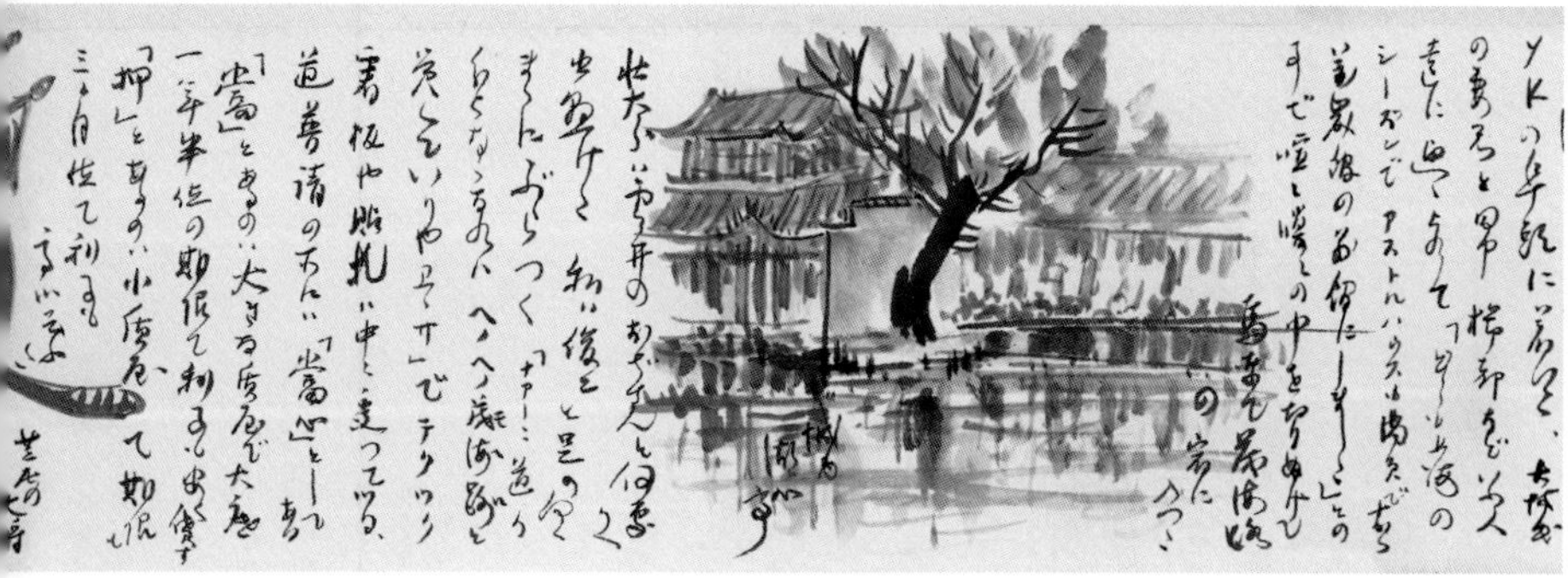

「春の旅絵巻・夏巻」一九二四（大正13）年（石水博物館蔵）

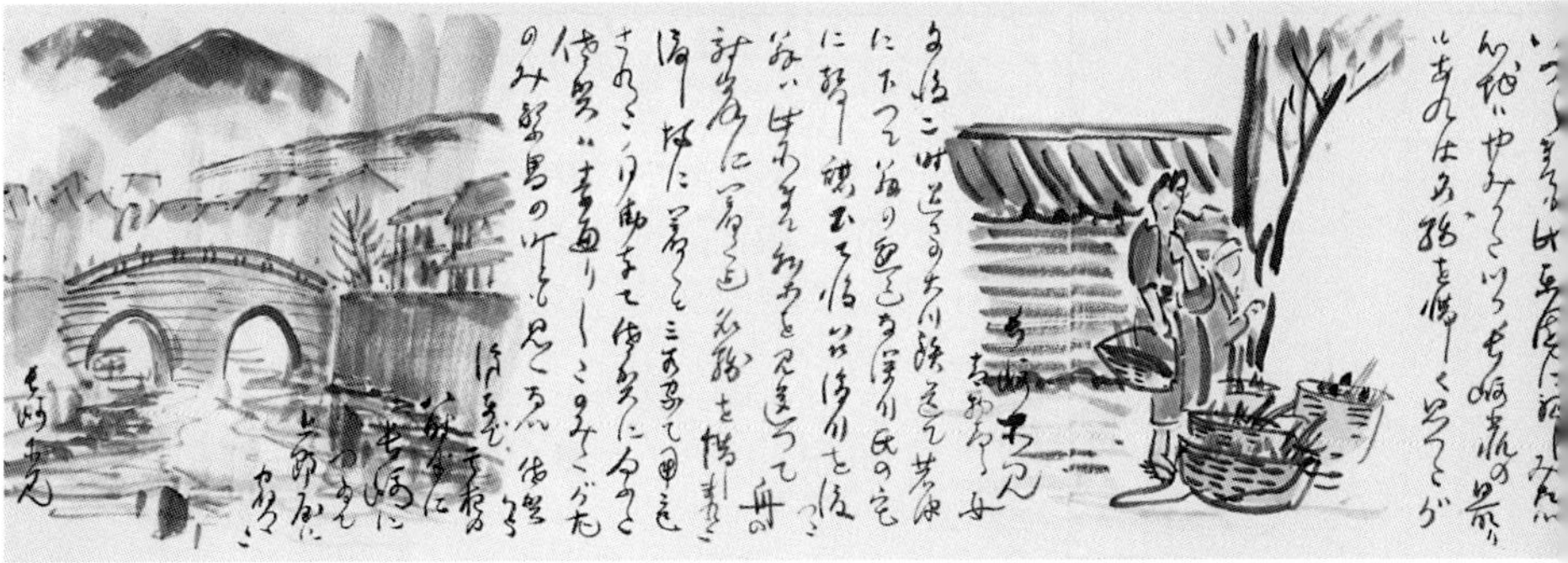

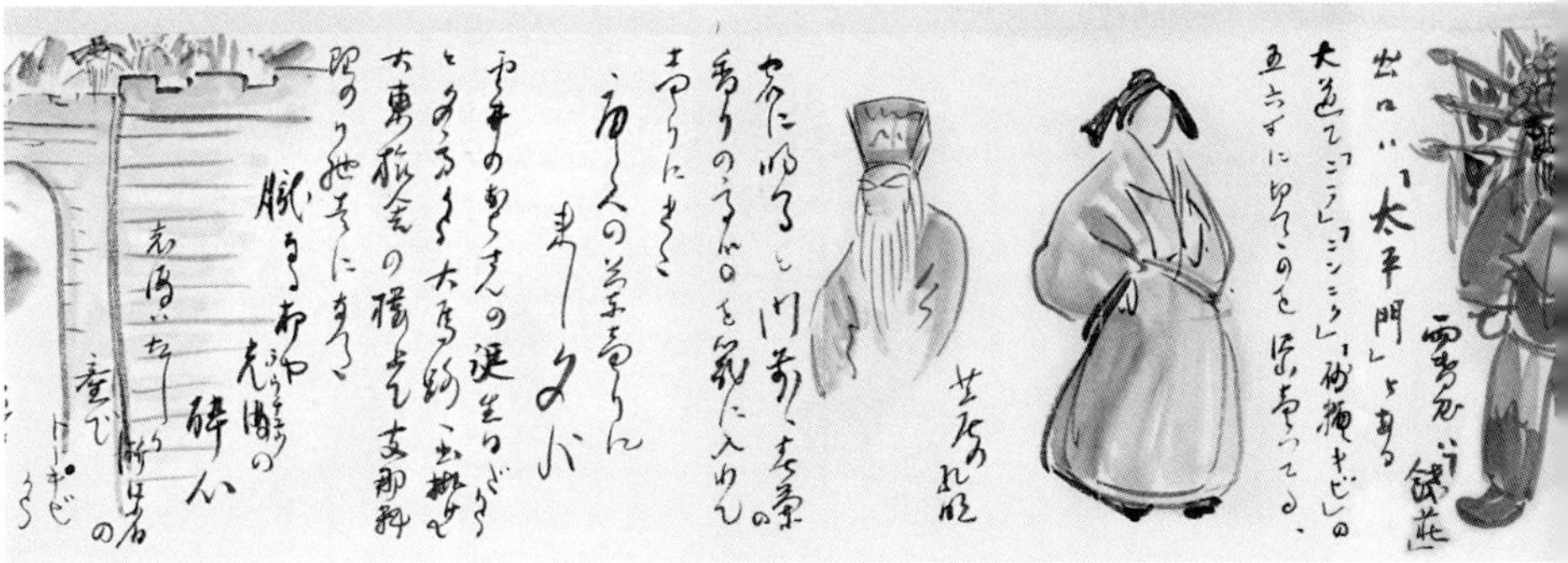
出口は「太平門」とある
大道で「ニラ」「ニンニク」「砂糖キビ」の

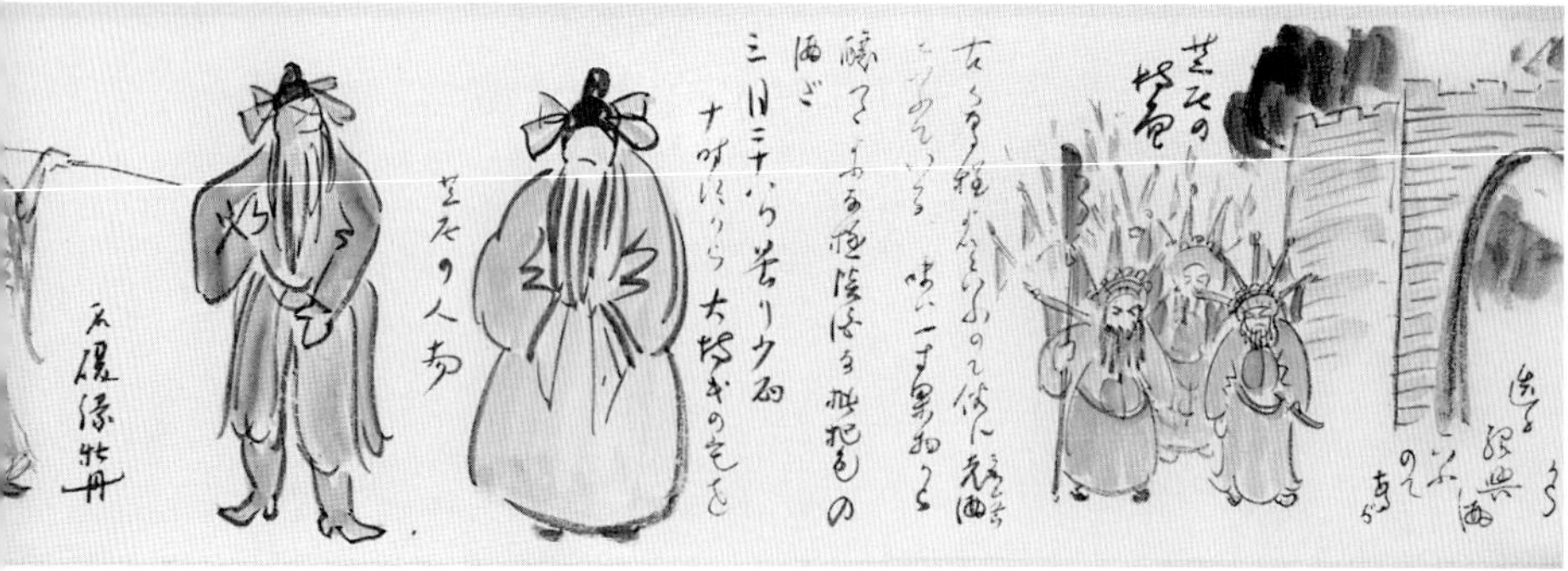

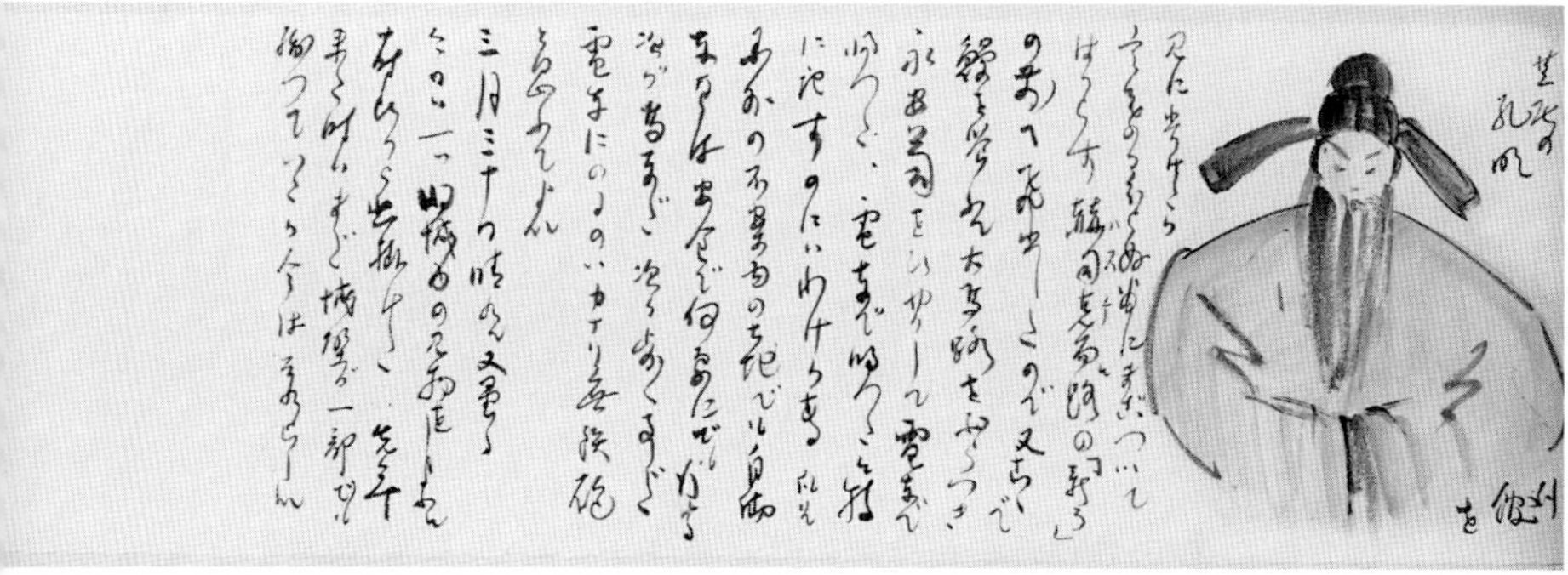

洋とかほるハモウ九官鳥と馴染んで籠の側を離れない　翁ハ子供等を相手に先代の写し残された大江山の絵巻をひろげて懇ろに絵ときさるゝさまハ見るもめでたい　私等ハ此めでたい千歳川辺の景色をいつ〳〵までも千歳山に伝へたいと思ふて（若津から佐賀への渡しにて）活動写真機を取り出して堤に登ると翁ハもとより召使ひの人にまで岸辺の庭に立ちいでゝあちらこちらと逍遥ふ有様ハ桃源とやら画を見るよふである　いつ〳〵までも此楽園に親しみたい心地ハやみがたいが長崎出航の日取りもあれば名残を惜しく思つたが（長崎所見　青物売る女）午後二時過ぎの大川鉄道で若津に下つて翁の懇意な深川氏の宅に暫し憩いて後　筑後川を渡つた翁ハ此所まで私等を見送つて舟の対岸に着く迄名残を惜しまれた　渡し場に着くと三谷家で用意された自働車で佐賀に向ふた　佐賀ハ素通りしたのみだが左のみ繁昌の町とも思へない　佐賀から汽車で其夜の八時半に長崎につゐて上野屋に宿つた（長崎所見）　三月二十五日　曇つて風なし　名物のカステーラに舌つゝみを打つおりから雲井夫婦が鹿児島から着いたのでお昼ハ「満月」といふ鶏屋に行つて名物の「水だき」を喰ふた　女達と子供ハ宿に帰して私ハ雲井と壮太郎の三人連れで（長崎丸にて）町をふらついた　長崎ハ海をひかへて山が迫つてるから坂が多い　そして大方石段になつているのも名物の一つであらふ　三月二十六日　晴　早くから起きて八時過ぎに長崎丸に乗込んだ　定刻の九時に十分おくれて船ハいよ〳〵上海に向ふた

此船ハ長崎上海間の航海に当てる為に特に造られて速力も□船室ハいふ迄もなく娯楽機関も遺憾なく整ふている　私等ハ　デッキゴルフに興しているといつのまにか海ハ荒れて船の動揺が〔唐船の長江のぼる日長哉〕甚しくなつていた　三月二十七日　五時半に起きて甲板に出ると風も凪いでよく晴れている　六時に初めて島かげが見へて八時頃にハ早くも揚子江に入つたよふだ　呉淞を過ぎて十二時頃上海のNYK埠頭に着いた　大場氏の妻君と田中　櫛部などいふ人達に迎へられて「どうも上海のシーズンでアストルハウスも満員ですから萬歳館の別館にしました」との事で喧と噪との中を切りぬけて馬車で茂海路の宿に入つた〔城内　湖心亭〕壮太郎ハ雲井のおぢさんと何処かへ出懸けた　私ハ俊二と足の向くまゝにぶらつく　「ナアーニ道が分らなくなれハ　ヘノヘノ茂海路（モヘジ）と覚へていりやエ、サ」でテクツク看板や貼札ハ中々変つている　道普請の所にハ「当心」としてある「当」とあるのハ大きな質屋で大底一年半位の期限で利子も安く貸す「押」とあるのハ小質屋で期限も三ヶ月位で利子も高いそふだ　〔芝居の大将〕両替屋ハ「銭荘」出口ハ「太平門」とある大道で「ニラ」「ニンニク」「砂糖キビ」の五六寸に切つたのを沢山売つてる　宿に帰へると門前へ春菊の香りの高いのを籠に入れて売りにきた〔唐人の菊売りに来し夕哉〕雲井のおぢさんの誕生日だからと夕方から大馬路へ出掛けて大東旅舎の楼上で支那料理の御馳走になつた〔朧なる夜や老酒の酔心〕老酒ハたしか浙江省の産でトーキビから造る紹興酒といふのであるが〔芝居の場面〕古くなる程よいといふので俗に老酒といふている　味は一寸果物から醸つたよふな極淡白な枇杷色の酒だ　三月二十八日　曇り少雨　十時頃から大場氏の宅を〔芝居の人物〕〔名優　緑牡丹〕訪れた　大場君ハ安徽省へ旅してるので妻君の心配一方ならんものである故に〔行ける夫君思ふ妻や春の宵〕四馬路のウエルコンシーで買物をして四川路をフラツイて「新う」といふ鰻屋を見付けて漸く二時頃に昼食を済して帰る〔芝居の大将〕夜ハ「トランプ」で子供等と遊ぶ〔かげろふや力車飛びかふ支那の町〕〔芝居の美人〕　三月二十九日　雨になつた　十一時頃から雲井と壮太郎同伴で馬車を雇ふて商品陳列館を〔芝居の孔明〕見に出かけたが言葉が分らぬ為にまごついて　はからず赫司克面路の「新う」の前へ飛出したので又こゝで鰻を喰ふて大馬路をぶらつき永安公司をひやかして電車で帰つた　電車で帰つたと特に記すのにハわけがある　凡そ国外の不案内の土地でも自働車ならば安全で何処にでも行ける　次が馬車だ　次が歩く事だ　電車にのるのハカナリ無鉄砲と思ふてよい　三月三十日　晴れて又曇る　今日ハ一ツ旧城内の見物をしよふと十時頃から出掛けた　先年来た時ハまだ城壁が一部でも残っていたが今はそれらしい

「春の旅絵巻・夏巻」部分（石水博物館蔵）

芝居の略画

古今の猩々ならぬものゝ仮に老酒（ラウシュ）といふもの出る、味ハ一寸異和らる

「春の旅絵巻・夏巻」上海茂海路風景　一九二四（大正13）年（石水博物館蔵）

揚子江下流のデルタ地帯には、クリーク（灌漑、排水用の小川）が多い。岸辺には楊柳が植えられ、それが住宅や商舗とともに水上に影を落とす。クリークを行き来する舟。情緒ある風景である。

この絵巻の冒頭に掲げられた青島の風景も美しい。揚子江を往く帆船も。その他さまざまの風景が、半泥子の絵心を刺激した。

中国では、当代随一の芸術家、呉昌碩（一八四四〜一九二七）にも会った。このとき半泥子は三幅の絵を描いてもらっている。

同時に中国、朝鮮の土を持ち帰った。ちょうど焼物を始めた頃である。

一方で、インド人を連れて帰り、一時、自宅に門番として置くという奇想天外なこともした。

欧州旅行のときは、マチス、ボナール、ドンゲンなどの絵を購め、長男・壮太郎が財布を預かるものをしてハラハラさせることをやってのけた。

呉昌碩作　梅花図　一九一七（大正6）年（石水博物館蔵）　寿　川喜田大人属写　教我為幸　癸丑参月　呉昌碩

唐津手茶碗　銘「初音」一九二五（大正14）年

千歳文庫（登録文化財）一九三〇（昭和5）年

千歳山に居を構え、分部町から本拠をここに移したとき（一九三〇・昭和5年）、半泥子は祖先伝来の書籍二万点と、のちに重要美術品として指定される二十二点を含む多くの美術品とを収蔵するため、千歳文庫を建てた。鉄筋コンクリート四階建てにエレベーターをつけた。その当時、津ではこのような建物は類を見なかったという。

一九二五（大正14）年、半泥子は、千歳山の北部に長江寿泉の設計で石炭窯を築いた。四十八歳であった。十二月初窯。そのときの半泥子の初轆轤による作品が茶碗「初音」である。千歳山の土を使い、長江寿泉からもらった唐津釉をかけ、たまたま窯の中でできたキズを木の幹に見立て、白釉で梅の花をあしらった。

この茶碗、高台削りがまだできないので、高台は糸切りのまま厚手でかなり重い茶碗である。

千社札　一九二七（昭和2）年

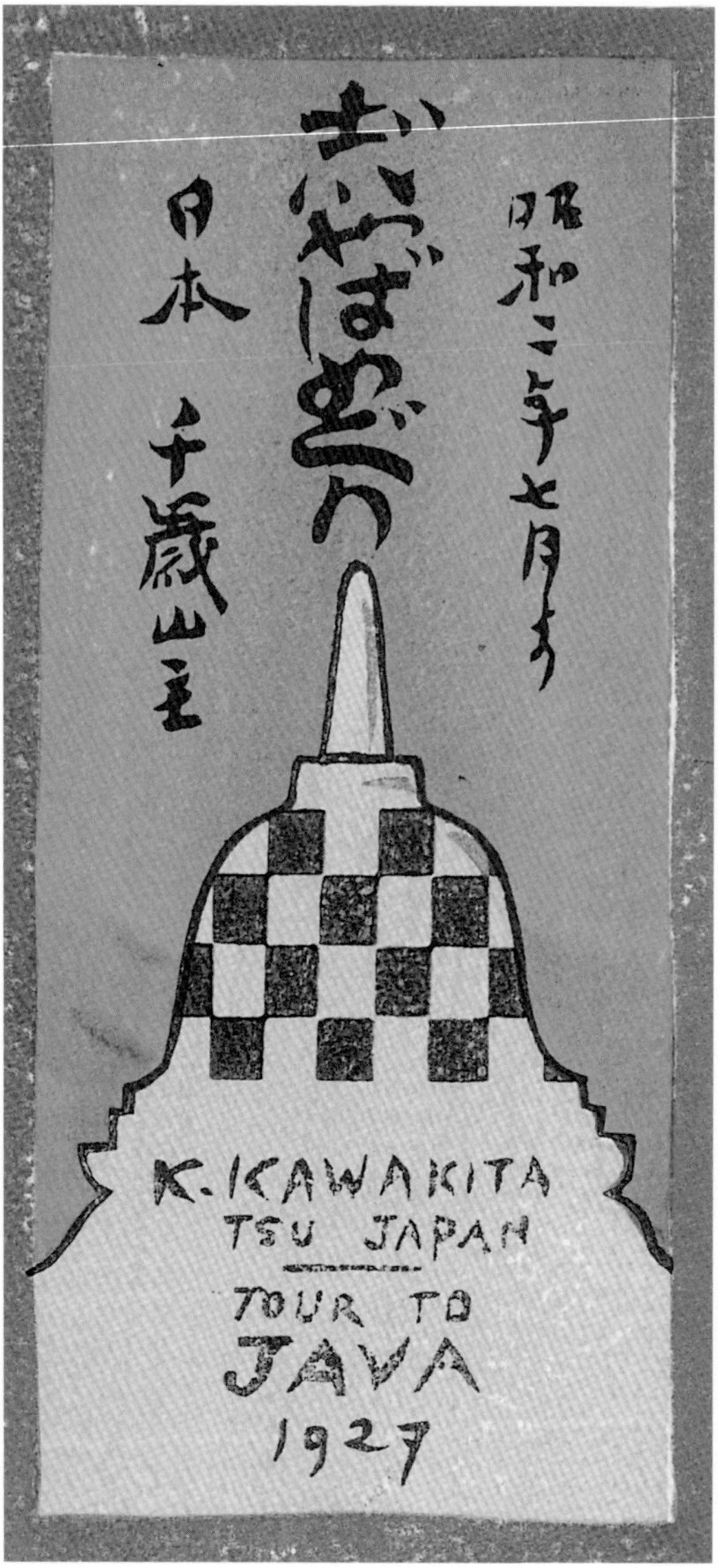

昭和二年七月より　じゃばめぐり　日本千歳山主
K.KAWAKITA TSU JAPAN TOUR TO JAVA 1927

ジャワにて（左から半泥子、俊二、壮太郎）

一九二七（昭和2）年七月から九月にかけて、半泥子は子息、壮太郎、俊二とともに、仏領インドシナ（現在のベトナム、ラオス）、カンボジア、ジャワ、バリ島への仏蹟巡礼に出かけた。右はそのとき持っていった、ジャワのボロブドゥール仏教遺跡を模した千社札である。

千社札は、欧米旅行の場合を除き、一九一三（大正2）年、初めての外国旅行、中国、朝鮮への旅のときから、いつも半泥子は携えて、行く先々の寺院に貼って歩いた。

この年の四月、日本は金融恐慌に見舞われ、全国一斉に一月半にわたりモラトリアム（支払猶予）が実施された。百五銀行は、平素からの健全経営と川喜田頭取に対する信用とにより、危機をくぐり抜けた。それから三カ月後の外遊。半泥子の自信のほどが窺われる。

「ジャワの古都ソロの街」一九二七（昭和2）年

「カンボジャ国王宮にて」一九二七（昭和2）年

一九二七（昭和2）年の東南アジア旅行については、翌年紀行文「じゃわさらさ」を出版している。「さらさ」は更紗のことである。

この旅行においても半泥子は陶土や更紗を購めるほか、土俗の壷や人形の形をした多くの貯金玉を集めている。貯金玉とは、現在の貯金箱のこと。昔は宝珠の形をしていたのでその名がある。

またこの旅で半泥子は幾つものパステル画を描いている。右と上はその一つ。

貯金箱

千歳山風景

II

泥多仏大

書「泥多仏大」

泥多仏大

一九三三（昭和8）年、川喜田商店創立三百年のお祝いに、従業員から登り窯の寄贈を受けた。一九三五（昭和10）年、あらためて三袋の登り窯を築き、そのそばに轆轤場「泥仏堂」を建てた。朝起きると、半泥子は泥仏堂へ行き轆轤を廻す。夕方銀行から帰ると、再び泥仏堂にこもった。

百作れば百の悟り、千作れば千の悟りがあるという信念を半泥子はもつようになった。

「泥多仏大」は、「泥多ければ仏大なり」という意味。奈良の大仏にしても鎌倉の大仏にしてもその製法は、土で型を作り、かつ、そのまわりにも土の壁を築き、その隙間に熔銅を流し込んで成形し、のち外側の壁を除く。これを繰り返し上へ上へと積み上げる。

泥を多く積まなければ、大きな仏像はできない。人もまた同様である。

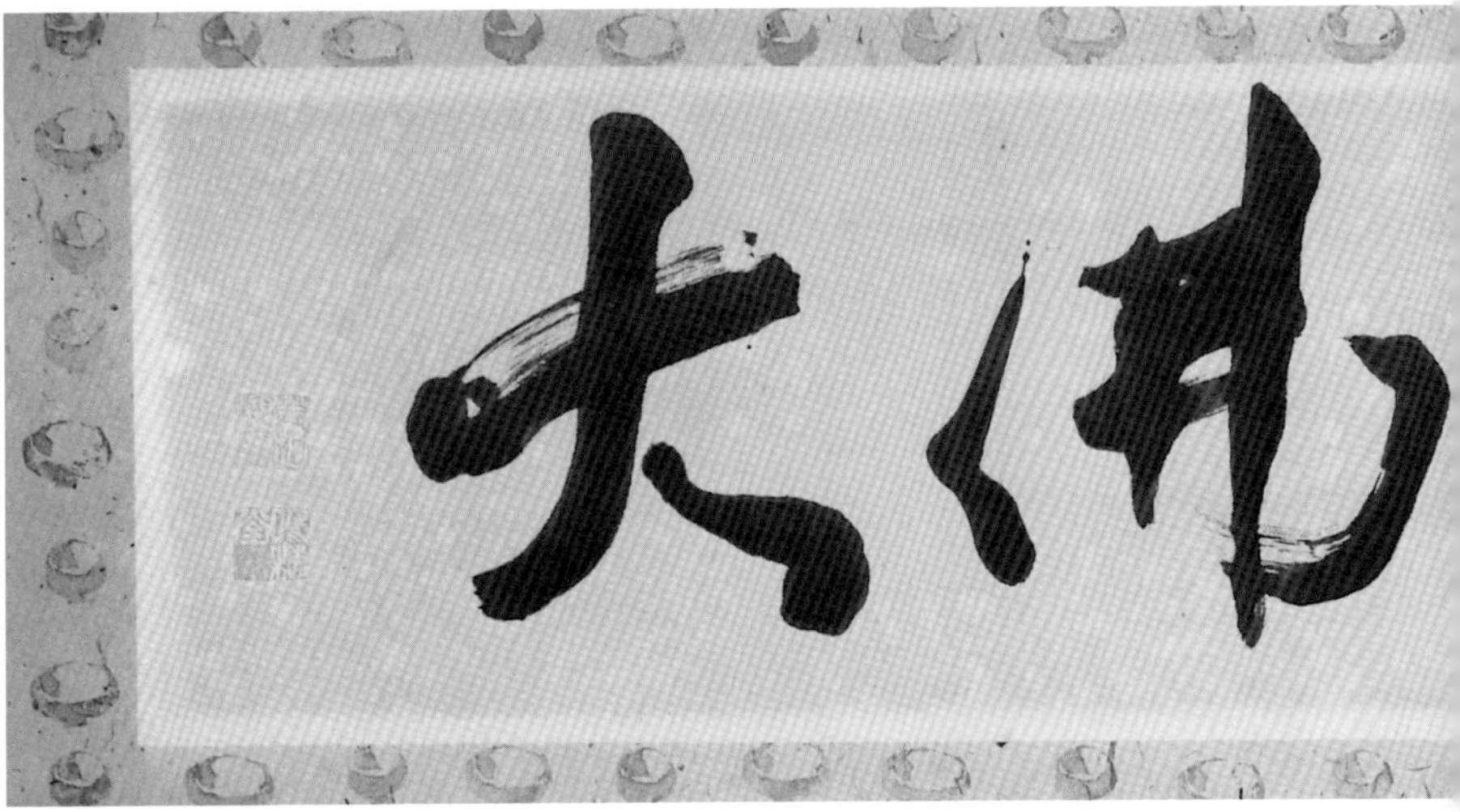

上の書は、墨をたっぷり含ませ、筆を大きく動かした気宇広大な書である。額の周辺には、芋版による茶碗の図が無数に捺してある。

左は東京学芸書院発行の雑誌「やきもの趣味」。半泥子はこれに「無茶法師」という名で、陶芸に限らず、その新鮮な芸術観、人生観を書いた「泥仏堂日録」を六年にわたり連載し、のちに一本にまとめた（一九三七・昭和12年）。吉川英治も「随筆文学として上乗のもの」と言った。

「やきもの趣味」

耕牛図「ぐさとうつ」

ぐさとうつ土に
声あり今朝の冬
半泥子

千歳山付近の農耕風景（半泥子撮影）

「全国いずれの土とて、焼き物にならざるはなし」と、乾山は言った。半泥子も同じ考えであった。

全国各地から、また中国や朝鮮の土も自ら歩いて採集した。地元の土はもちろんのこと、千歳山の松の根の土も使った。そして土に関しての結論を得た。

第一にどんな土でも焼物になるということである。

第二に合わせ土をしないことである。半泥子は合わせ土を嫌った。

「単味の味こそ、灘の生一本の味である。合わせ土は安物のカクテルだ」と言った。それぞれの土の個性を大事にした。茶碗の口縁が歪んだり切れたりしても、これを修理し、いとおしみながら焼いた。焼成中に器体が割れても継いで焼いた。

第三に、腐った土よりも、山から持ってきたままをザッと篩って使う方がおもしろみがあるということである。

百姓が鍬を打つ、その時の音に半泥子は親愛を覚えた。また、霜柱の立った土を踏んだ時の感触を楽しんだ。

上は、千歳山付近の豊穣な畑。半泥子写す。

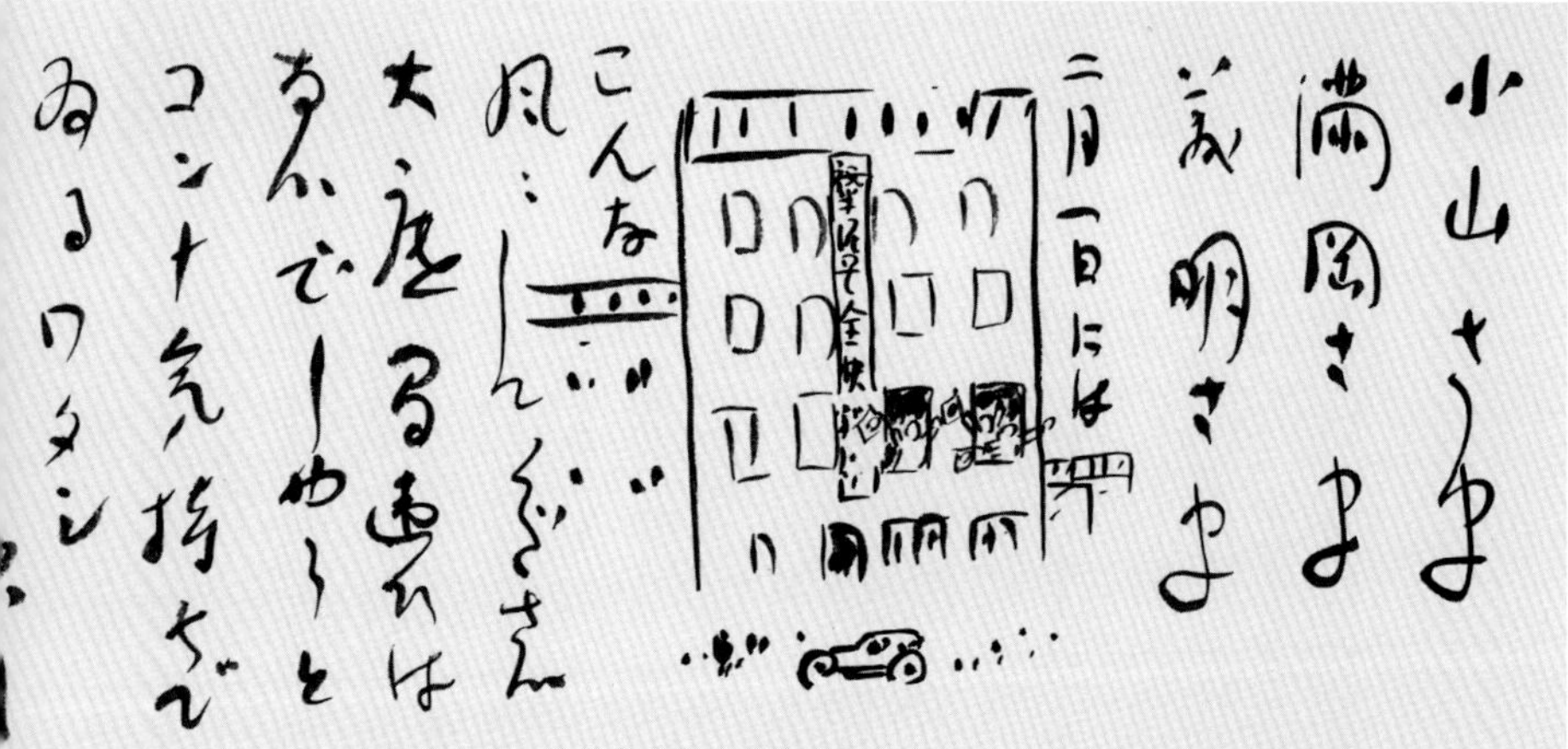

小山冨士夫・満岡忠成・松平義明宛書状　一九三八（昭和13）年

松慶ビルの二階から御見舞状難有拝見仕候　まだ如此には候得共　本月中には傑然として床上げ致し　来月二三日頃には暖地をさして一足飛びと存居候間御安心被下度候　拝具　一月廿九日夜　病半泥子
小山さま　満岡さま　義明さま　二月一日にはこんな風にしてください　大底間違ひはないでしやうとコンナ気持ちでゐるワタシ　ネー

封筒表裏

部分

小山冨士夫（一九〇〇～一九七五）からの風邪見舞に対する、前ページは半泥子の礼状である。この書状には、虎やビルが描かれている。

半泥子は寅年生まれ。この年、一九三八（昭和13）年は、数え六十一歳の還暦にあたる。

小山冨士夫は、古陶磁器の研究に多くの足跡を残したが、東京帝室博物館の国宝調査官のとき、「永仁の壷事件」（加藤唐九郎による贋作であることが判明し、国宝指定を取り消された事件）の責任を負って辞任し、以後はもっぱら陶芸に打ち込んでいた。

半泥子は小山の最初の展覧会の全作品を買うなどして、彼を支援した。小山の作品には、轆轤で引き上げたままの形の物が多く、全体に素朴であり、洒脱であった。半泥子は自分の考える美に似かよったものを、そこに見いだした。

なお、書状にある「満岡」は満岡忠成（美術評論家）であり、「義明」は松平義明（陶芸研究家）で、半泥子の娘、紫子の夫となる人である。

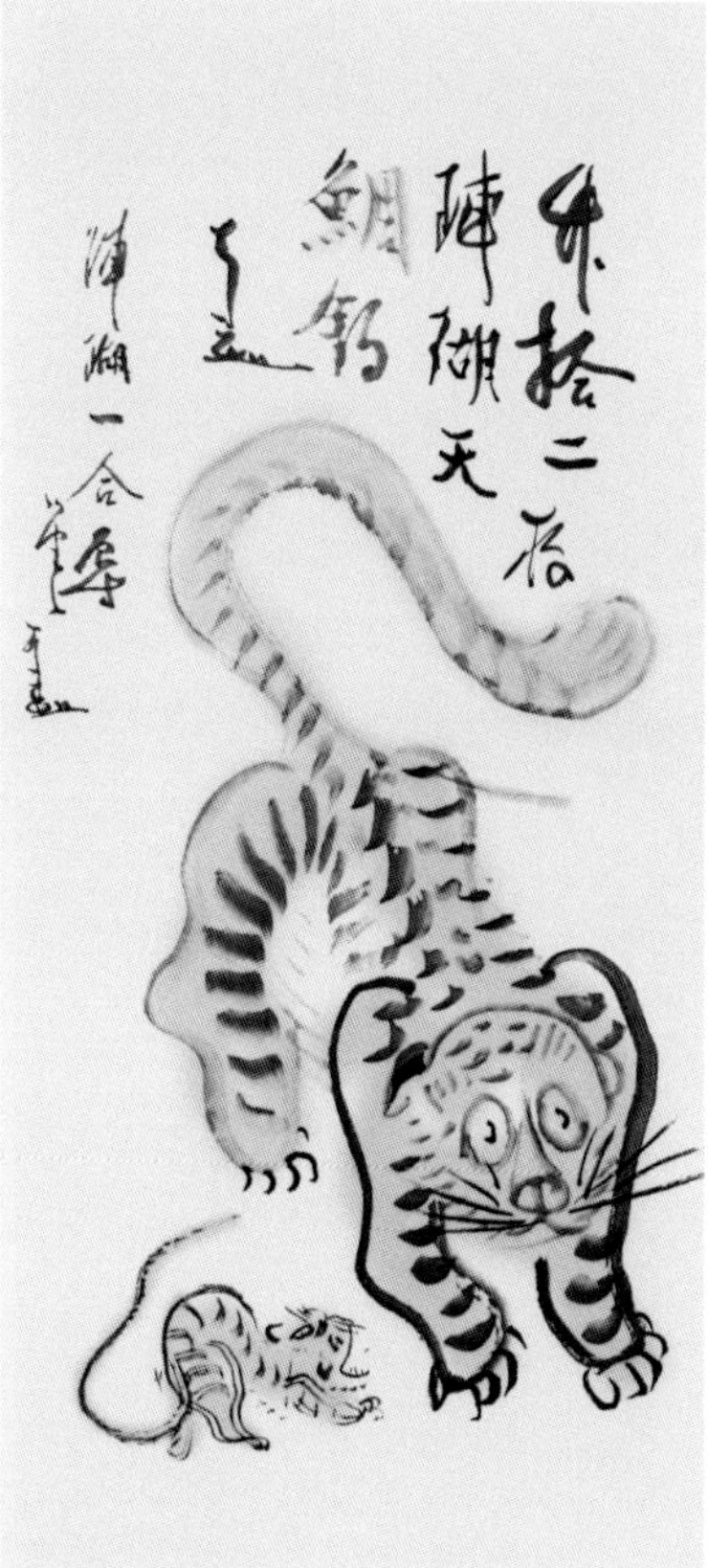

仙崖作「虎図」
竹拾二枚陣瑚天鯛釣　崖玕陣瑚一合辱御坐候　崖玕

紅梅図「ろくろ引く」

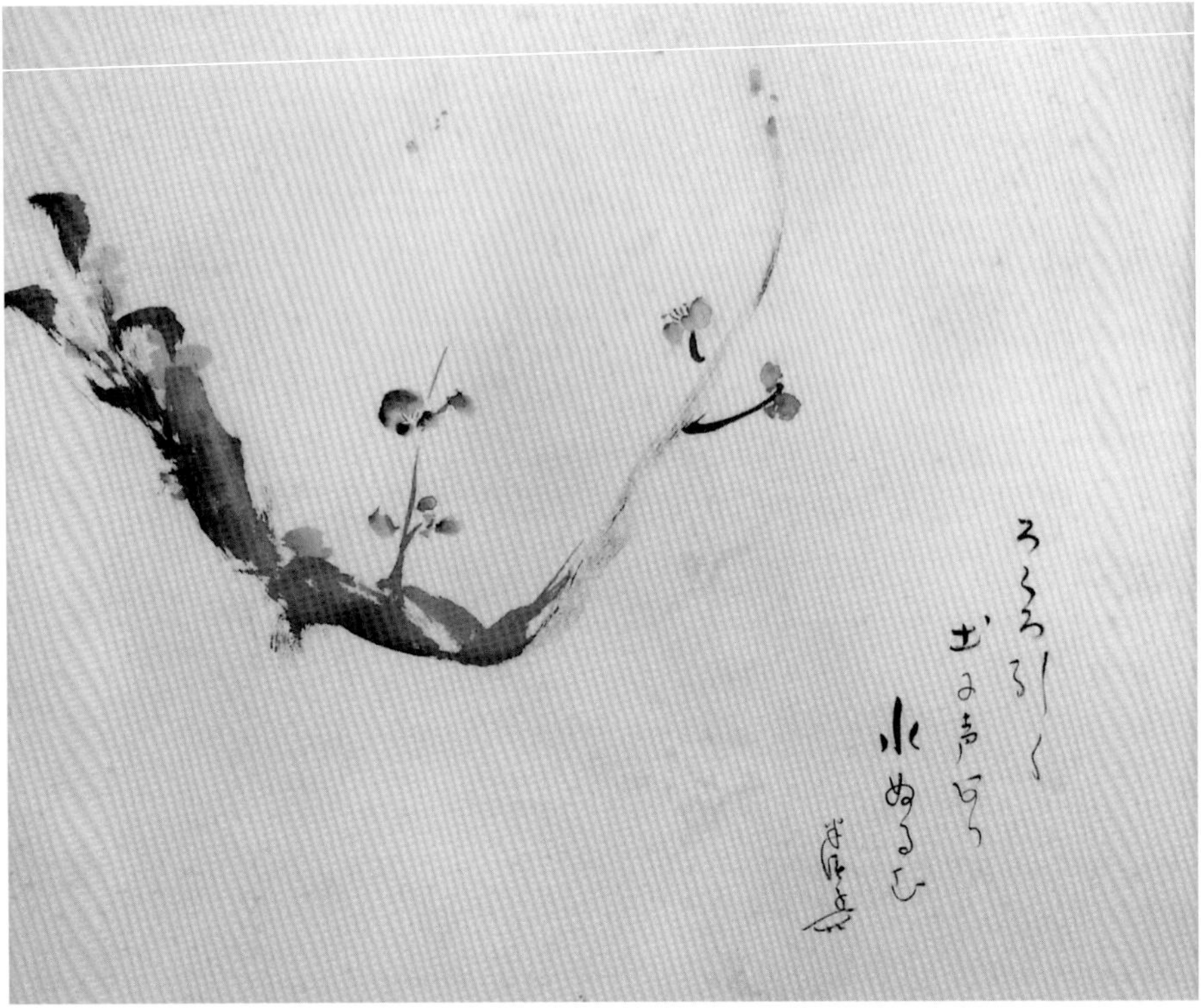

ろくろ引く
土に声あり
水ぬるむ
半泥子

紅梅閣

半泥子は興の赴くまま、よく句画帳を描いた。名付けて「土師香記」。「土師」は古代の焼物師であり、「土師香記」は「恥じかき」でもある。

右図はその一齣。轆轤場の冬は寒い。湯で手を暖めながら、轆轤を廻す。それでもやがて「水ぬるむ」季節が来る。ふと窓の外を見ると、紅梅が二、三輪咲いている。ああ春だなあと思う。その感慨がほとばしり、句となり画となる。

古来、日本人は梅の花を愛した。『万葉集』に出てくる花として、梅は萩に次いで多い。川喜田家は菅原の裔といわれ、その家紋は梅鉢であった。

竹川家の生まれである祖母・政もまた梅を愛した。

紅梅閣は、祖母・政が没してから二十五年後の一九三一（昭和6）年、千歳山に供養のために建てられた。

設計は半泥子みずから行なった。須弥壇には奈良、薬師寺の古材を使い、本尊は、一九一三（大正2）年の旅行のとき北京で買い求めた六朝の石仏、釈迦三尊。天井および壁面には、半泥子が親炙した画家、奥田竹石に描いてもらった梅の絵が印象的である。

茶室「山里」

茶室「山里」一九三九（昭和14）年

茶の師匠・表千家の久田宗也たちにすすめられ、一九三九（昭和14）年、半泥子はみずから設計して茶室を造った。

畳を横に七畳並べ、それを四畳と三畳とに仕切り、そのうちの四畳分を茶席としてそこに炉を切った。三畳の方は、うち一畳分の半分を板の間として、ほかの半分は土間とした。

益田鈍翁書「山里」

出入りの大工に手伝ってもらいながら、半泥子みずから鉋、鋸、鑿を揮った。とは言っても、たとえば丸太にまたがって臍穴を彫っているといつの間にか丸太が回転して、あらぬ方に穴ができた。大工いわく、「旦那がせっかく彫ったのだから、このままにしておきましょう」。半泥子、歌っていわく、

まちがって彫ったたる臍の穴かしこ　ホウホケキヨウがうめにきもせん

落成間際に、東京から荷物が届いた。開けてみると「益田鈍翁筆　山里二字額　奉納　無茶法師尊前　相夜雨子」と書いてある。横井夜雨からの贈り物であった。益田鈍翁（一八四八～一九三八）は、三井財閥の大番頭で、当代随一の茶人と言われた人。横井夜雨もまた自由な精神を愛する茶人であった。

茶席開きには、横井夜雨をはじめ、仰木有望、鈴木恵一らを迎え、半泥子手作りの茶碗でもてなした。水指、小鉢などの焼物、床の軸も、花入、茶杓まですべて半泥子の作品であった。

懐石には、為賀夫人や息女たちが千歳山や近くの河原で積んだ野草の料理が盛られる。飲み終わった茶碗は懐に入れて持ち帰ることができた。

伊賀水指　銘「慾袋」千歳山窯　一九四〇（昭和15）年

重要文化財　古伊賀水指　銘「破袋」（五島美術館蔵）

津および伊賀の藩主であった藤堂家で見た古伊賀の「破袋」が、半泥子には忘れられなかった。この「破袋」は後、高梨家を経て五島家に伝わり、現在は五島美術館が所蔵している。

伊賀焼は、その土質と高火度の焼成による偶然の窯変により、雄大な気韻と豪壮な風格を生む。長石や珪石が溶けて出来た自然釉も美しい、豪快な割れ目もまた「風景」となる。

半泥子の「慾袋」は、これと同じ形のものがいくつか試みられた。その中でもっとも豪快に破れ目が出来たのを金継ぎしてもらった。これが「破袋」の倣作であることを、半泥子は、俳人・梶島一藻宛の書状に書いている。

泥仏堂真景　一九四〇―四二（昭和15―17）年

泥仏堂真景
かまつけば
窯のなかまで
秋の風
半泥子

千歳山の洋館（半泥子撮影）

千歳山は津市の南のはずれにある。三万坪ほどのその山の木が伐られようとしたとき、それを惜しんで半泥子はこれを購め、そこに邸宅を構えた。一九一五（大正4）年のことである。やがてその敷地の一隅に、半泥子は窯を築いた。

すでにその前から楽焼を試み、また各地の窯を見て回るとともに、あらためて祖先の集めた名品を見て心惹かれた。

一九二五（大正14）年、千歳山にはじめて両口倒焔式の石炭窯を焼いた。

一九三三（昭和8）年、川喜田商店創立三百年のお祝いに登り窯の寄贈を受けることになり、小山冨士夫の設計で、窯を築き焼くが、よく焼けず、あらためて三袋の登り窯を造る。

その傍らに、轆轤場を造り、「泥仏堂」と名付けた。左は、千歳山に設けられた居室。その右隣りに数寄屋風の和式建築を造った。のち（一九四三・昭和18年）これらは鈴鹿の海軍工廠に寄贈された。

伊賀水指　銘「蓼々」一九三五（昭和10）年頃

古伊賀水指　銘「鬼の首」桃山時代（石水博物館蔵）

「鼕々」。これは鼓の音の擬声語であり、また鼓の音そのものを言う。この作品、胴の中程をヘラで強く押さえた形は、鼓に似る。強い火焔をくぐり抜けて出来た窯変がおもしろい。

これを半泥子は、伊勢の鼓が浦の別荘にいた美術商、土橋嘉平治に贈った。鼓の音と浦波の音が聞こえるではないか。

土橋嘉平治は、本邸が京都鷹ケ峰にあり、ともに乾山窯を発掘して以来の仲である。嘉平治は玄庵と号した。のち八十二歳で没したとき、「総理大臣の代わりは幾らもあるが、玄庵の代わりは無し」と半泥子をして嘆かせた人である。

その嘉平治の家で観た伊賀「蹲る」風の水指に「五体の震えるほど」の魅力を、半泥子は覚えた。

その土橋の金婚式に呼ばれた時、この水指を贈られた。半泥子は持ち帰って、怖い物を見るように、家人が寝静まったあと、この水指を床の間に飾り、なでたりさすったりという有様であったという。鬼の首を取った気持ちだというので、命名していわく、「鬼の首」。歌っていわく。

古伊賀叶うた私のおもひ胸のどうきも鷹ケ峰

伊部の印象　一九四〇（昭和15）年

伊部の印象　漬物残り

陶画晩餐戯画下絵図　荒川豊蔵画　（豊蔵資料館蔵）

古備前の土に興味を抱いた半泥子は、唐津の窯を訪れる途中、岡山に立ち寄った。偶然金重陶陽（一八九六〜一九六七）の水指を見て感動し、矢も盾もたまらなく、伊部の陶陽に会いに行った。

右の図は陶陽を描いたものであろうが、その姿は登り窯のイメージと重なる。

金重陶陽は、荒川豊蔵（一八九四〜一九八五）や三輪休和（十代休雪・一八九五〜一九八一）とともに、しばしば半泥子に招かれ、川喜田家所蔵の名品を見せられ、陶芸談義に耽った。

かれら三人よりも十数歳年上の半泥子は、それぞれの技法について、貪欲に学んだが、一方、桃山時代の陶芸の復興をめざす半泥子に、かれらは深く教えられるものがあった。

千歳山の近くにある「加良比乃神社」は、土師部（はじべ）の祖を祀る。これをもじって四人で「からひね会」を作った。上図はその集まりを荒川豊蔵が描いたもの。

なお三輪節夫（のちの十一代休雪）は、兄の十代休雪にすすめられ、半泥子のもとで修行したことがある。

重ね餅図「三宝も」

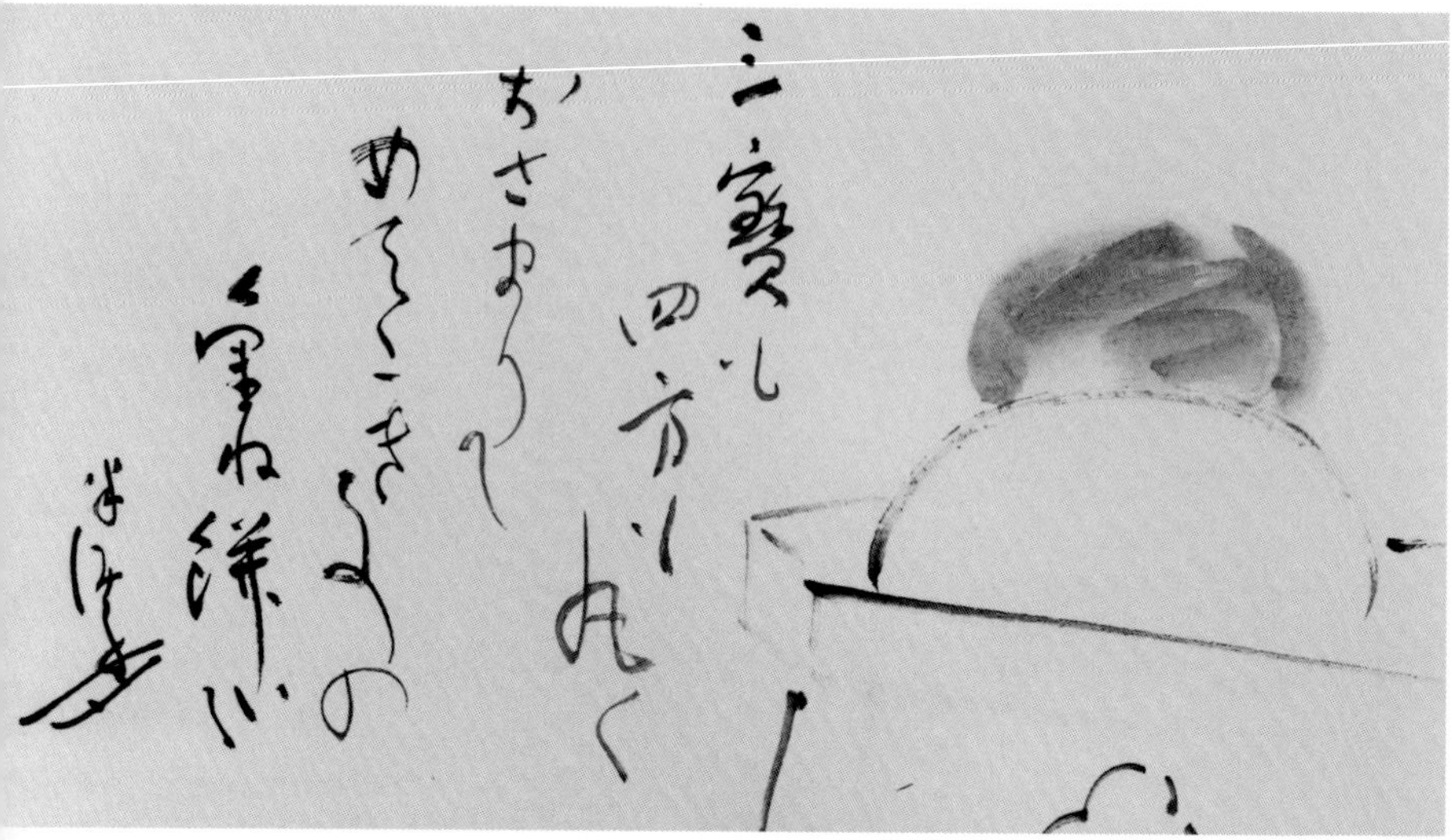

三宝も
四方も
丸く
おさまりて
めでたき
事の
重ね餅哉
半泥子

赤絵皿図

半泥子は、老荘、とくに荘子の思想に共鳴していた。地方銀行協会の専務理事であった田部井俊夫が、戦時中かなりの年配であったにもかかわらず召集され、樺太にいたとき、半泥子は「無関心であれ、運命に従順であれ、そのことによってかえって心の自由が得られる」という手紙を送った。

　なにもしなくてもいい、というのではない。人間として悔いなきことをやれ、というのである。そうすれば、道おのずから拓けて、三方も四方も丸くおさまるという。「方」（四角）と「円」。人間の心は変幻自在である。

　「赤絵皿図」は、南画風な筆致であるが、色彩鮮やかである。仙境に遊ぶ寒山・拾得の二人が珍しく舟を漕いでいるがごとくである。遠くに見えるは須弥山か。

　寒山および拾得は、唐時代の詩人で、ともに脱俗し、風雅に遊び、乞食のような生活をした。川喜田家の祖先には学者や風雅の人も多く、九代光盛や十代重盈のように、薙髪して、菜食、粗食の生活を送った人もいる。半泥子にもそのような思いが去来していた。

粉引茶碗　銘「雪の曙」千歳山窯　昭和十年代（一九三五〜四四年）

同箱書

雪の曙ト云　半泥子

この茶碗、窯変による桃色の美しさに目を奪われる。轆轤の勢いを残した口縁も、その破調がかえって美しい。

施釉時の豪快な指跡から、素地の鉄色が覗き、それがまるで雪の上に付けられた人の足跡のごとくである。まさに「雪の曙」の景観である。

器体は、かなり急な角度をなして、ひょろひょろと立ち上がる。伸び切ったところで、土がなくなった。それでもなお伸びようとする。そのため、飲み口のある部分は透き通るかと思われるほど薄く、ある部分は微妙に歪み、裂けている。いわゆるベベラ口と言われる形だが、なんとやさしくそれは語りかけてくることか。高台はいわゆる三日月高台、ひどく不細工であり、しかも若干の高低差がある。そのため茶碗全体がやや傾いている。

一見不細工であるにもかかわらず、その茶碗からは、ほのぼのとした何か高貴なものが立ち上っている。

竹花入　銘「ステレンチョ」一九四〇（昭和15）年頃

竹林

千利休は、秀吉の小田原出陣に従ったとき、韮山の竹を伐って花入を作ったし、古田織部もまた、敵の矢を浴びながら、花入用の竹を伐った。半泥子は、出先で趣ある竹を見つけると、乞うてそれを貰い受け、花入を作り、また茶杓を削った。

萩焼の窯元、三輪家を半泥子が初めて訪ねたとき、屋敷の薮で切った竹で右の花入を作った。

この花入、切り口は小学生が切ったように段差をなし、胴は裂けて腐ったがごとくなっているが、全体に立ち上る高貴な風格がある。

三輪家では「昨日まで只の竹なりしが、今日は見事な花入となる」と言ったという。そこで、「ステレンチョ」と名付けた。「ステレンチョ」という名の由来は、次の通り。

むかし長崎で珍魚が獲れた。高札を立てて領主がその名を問うたところ、ある男が申し出て、それは「ステレンチョ」だと言って百金を得た。その後その魚が死んだので、領主はそれを干物にし、ふたたび名を問うたところ、先の男がふたたび出頭して、それは「テレスコ」だと言った。領主は種明かしして、同じものを名を変えていうとはけしからぬ、かれを死罪に処すると言った。家族との面会において、その男は息子に向い「今後烏賊を干したものを見てもスルメというな」と言った。領主はこれを聞いてその男を許したという。

ほうれん艸図「初霜や」

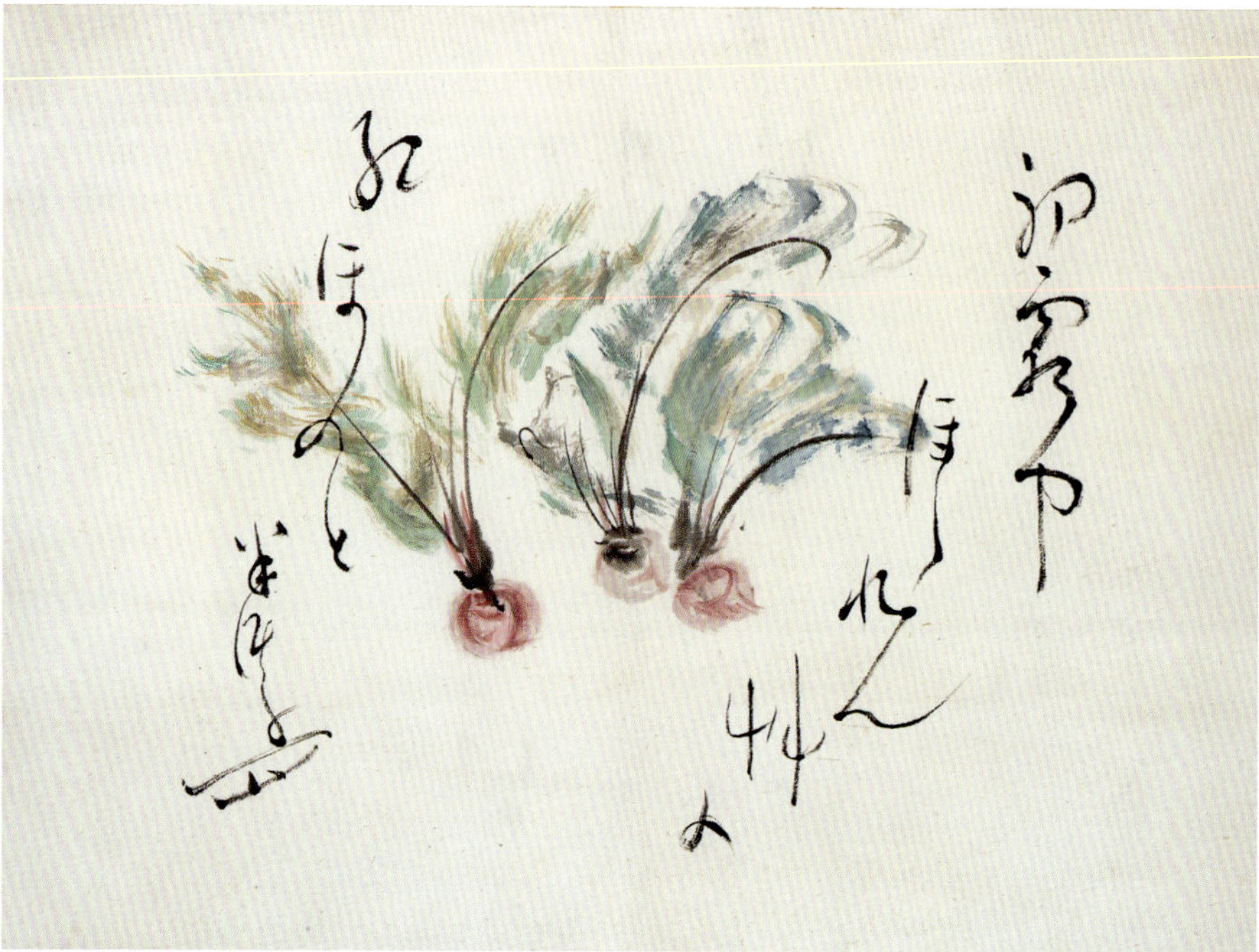

初霜や
ほう
れん
艸の
紅
ほのと
半泥子

津市郊外の農耕風景（半泥子撮影）

ほうれん草は、今では年間を通して食べることができるが、少し前までは、冬の食べ物であった。鉄分とカロチンが豊富に含まれており、冬の間の栄養源として欠かせない食品である。

半泥子は、霜に耐えて赤く染まるほうれん草の根に、生命のいとおしさを見る。壮大なものの美よりも小さな生命をいとおしんだ。

後年、風邪で高熱を発したとき、人に勧められて自作の茶碗を持って来させて眺めた。だが、床の花入に活けた、露を含んだ花木槿（むくげ）や南瓜の花に及ばない、と嘆いた。

上は、半泥子のよく通った道。豊饒な畑が続く。その土を手でさわり、これを焼物にしたらおもしろいものができるかもしれないと思う。

茶碗図　一九四〇（昭和15）年頃

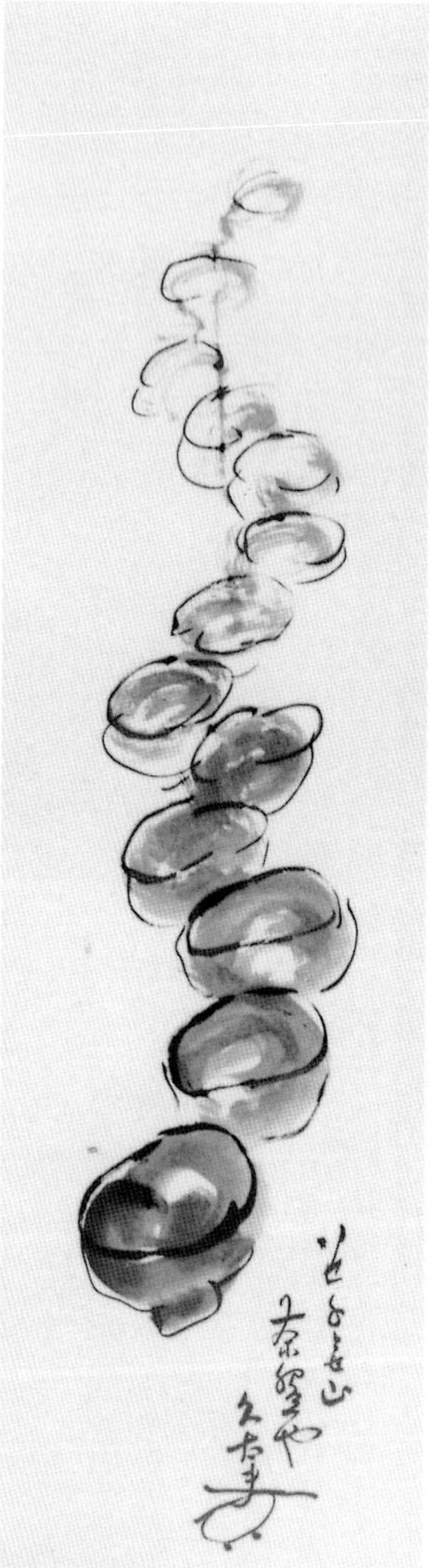

いせ千とせ山　茶碗や　久太夫

泥仏堂で轆轤を引く半泥子　一九四〇（昭和15）年

わが宿はそこらの土も茶碗かな　半泥子

「いずれの土とても焼物にならざるはなし」とは乾山の言葉。半泥子も同じ考えであった。

右は轆轤で成型されたばかりの茶碗。これを素焼する。そのとき、砂まじりの土などで、罅（ひび）を生じるものもあったが、それらも藁で括るなどして本焼した。その藁の灰が器に付着し、思いがけぬ「景色」を生むことがあった。

右の絵は、一九四〇（昭和15）年の作。銘は「茶碗屋久太夫」。まだ「半泥子」を使っていない。花押は茶碗の形。これが以後次第に薄っぺらなものになる。

上はその頃の泥仏堂で轆轤を廻す半泥子。

紅梅閣

III

大夢出門

書「大夢出門」（石水博物館蔵）

大夢出門　半泥子

「大夢出門」。Time is moneyと読む。しかしまた「大夢を抱き門を出る」というイメージを持つ。俗なるものを聖なるイメージに転換させる力がこの書にはある。

禅僧の墨跡を思わせる枯筆の線である。最後の「門」の造りは、円相のようである。半泥子は、百五銀行の支店に出張し、揮毫を頼まれたとき、しばしばこの字を書いた。

一九三八（昭和13）年に、半泥子は還暦を迎え、赤絵梅文茶碗を六十一個制作し、知己に配った。左はその一つ。川喜田家の家紋は「梅鉢」であった。

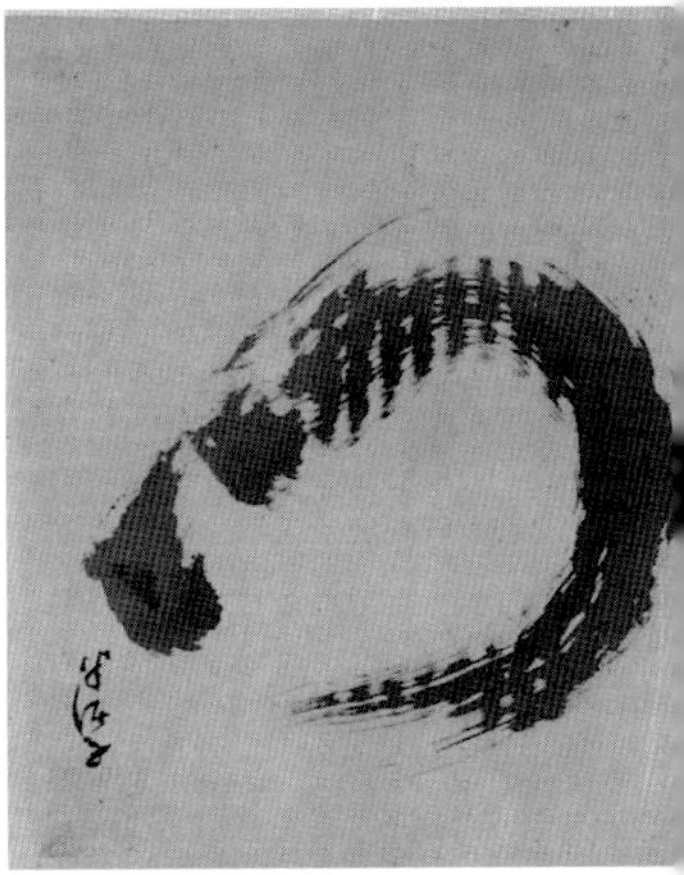

白掛梅絵茶碗　銘「赤頭巾」千歳山窯　一九三八（昭和13）年

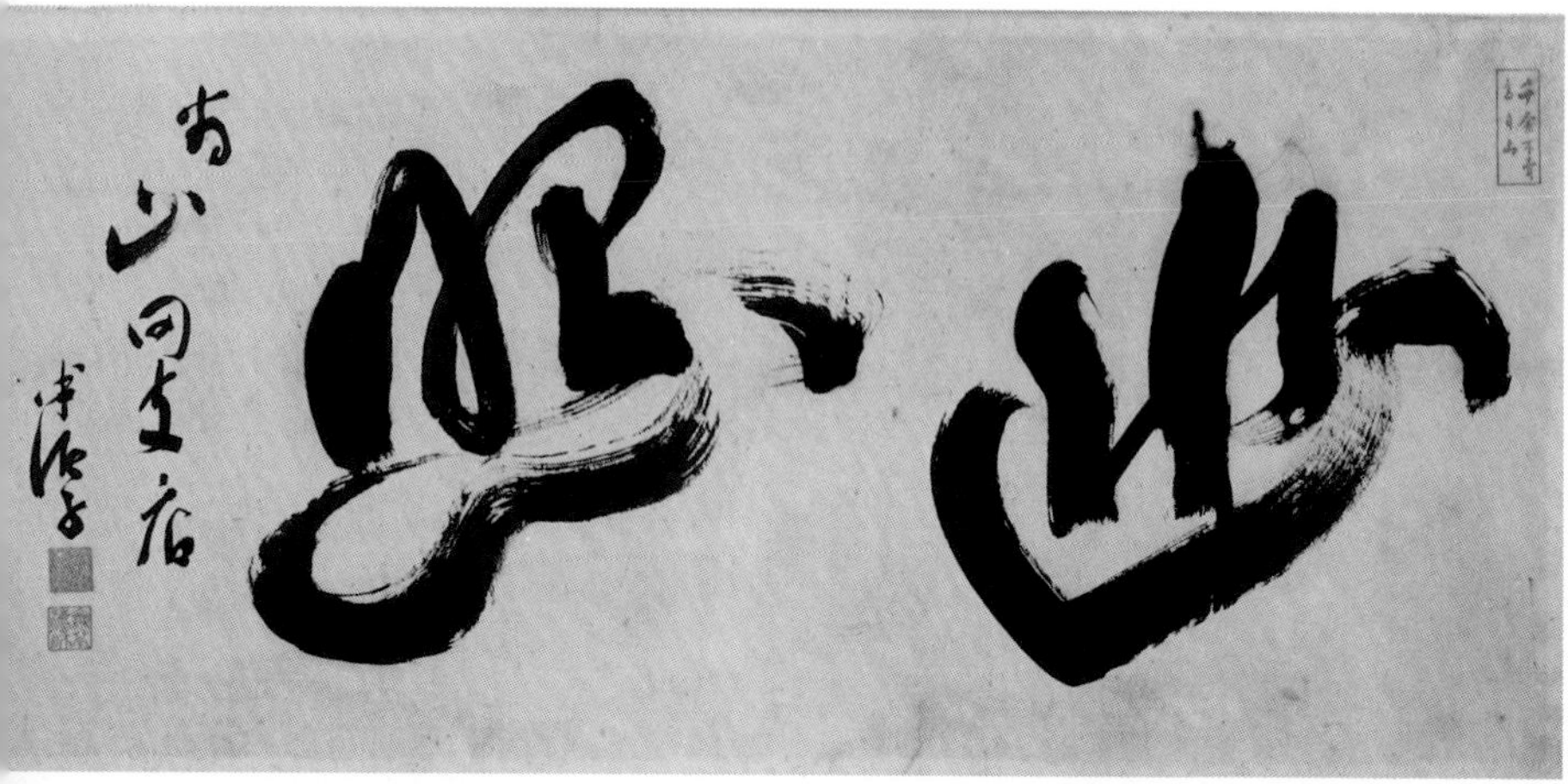

書「幽照」

百五銀行本店　大正時代

戦争中、国は軍事費に充てるため、大量の国債を発行し、その大部分を銀行に割り当て、引き受けさせた。銀行は預金を集め、それに応えねばならなかった。半泥子が頭取を務める百五銀行においても、支店ごとの預金集め競争をさせた。

一九四四（昭和19）年の元旦、半泥子は「何が何でも今年は五億」の標語を作り、これを半切に書いて、営業所に配布した。当時百五銀行の預金は、凡そ二億六千万円、これを五億に増やそうとしたのである。目標を達成した支店には優勝カップを贈った。ただし、「優勝」などという無粋なものではなく、「幽照」という字を書いて与えた。「幽照勝夫」と書く場合もあった。「勝夫」はカップと読む。

左は戦前の百五銀行本店。岩田川の左岸（北側）にあった。戦争中空襲を受けて損壊したので、戦後同川の右岸に新築、移転した。

椿図「初冬の」

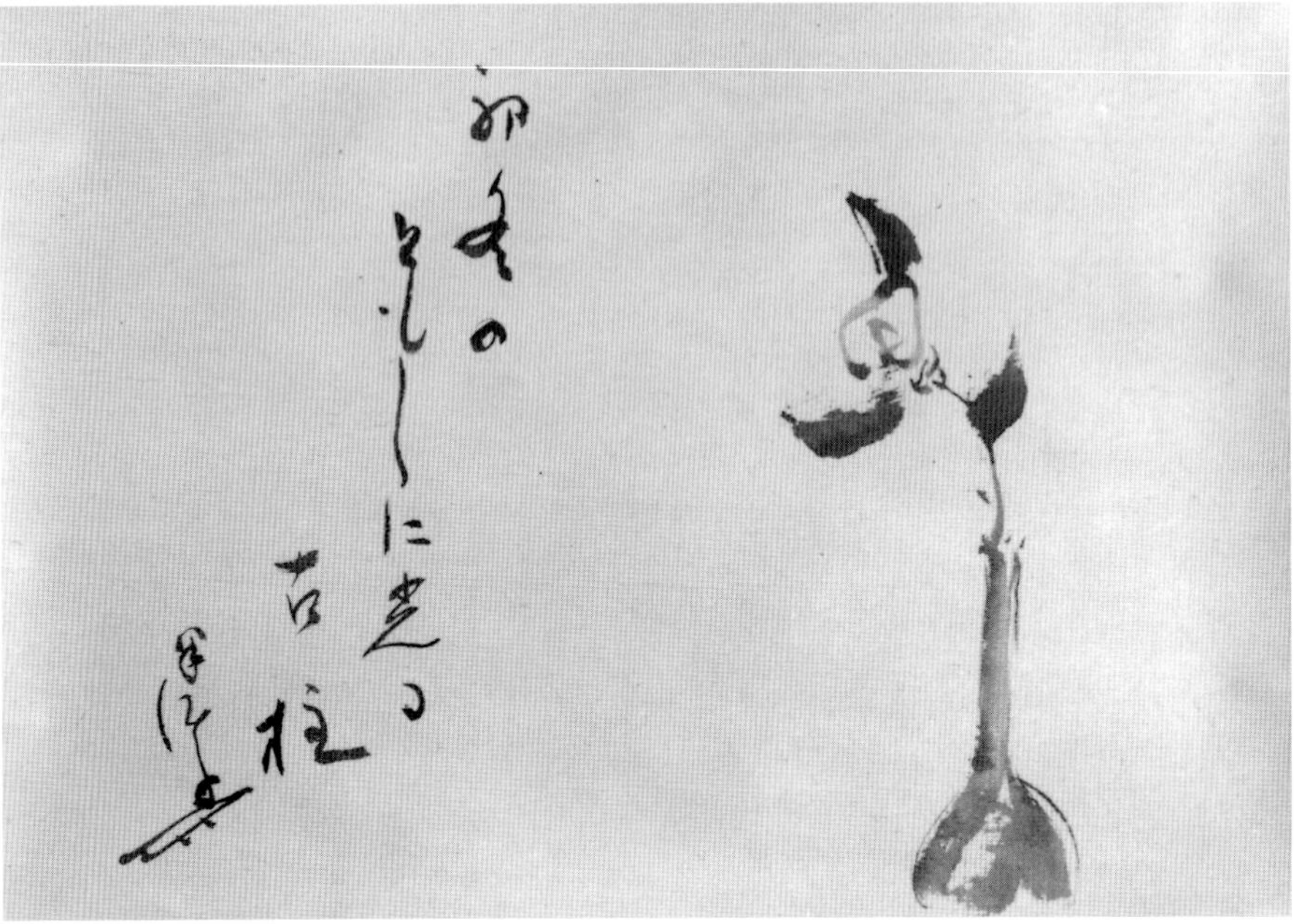

初冬の
ともしに光る
古柱
半泥子

仕事中の半泥子

半泥子は、即興で絵を描き、気に入った既作の句を添えることしばしばであった。これもその一作である。

轆轤引きを終えて、居宅に帰ると、皆寝静まっている。轆轤引きの緊張から解放され、静寂のなかの一瞬の心境が描かれている。初冬の灯火は侘しい。古くなった柱が光る。その下に活けられた椿一輪。ふと安堵を覚える。

さて、寝るとするか。明日また、銀行に「俗軍」が押し寄せてくるだろう。

上は、マジメに仕事する半泥子。半泥子は一度だけ現金を袋に入れる仕事を手伝ったが、みごとに間違えてしまった。以来、直接業務に手を出すことはなかった。

竹花入銘「寒牡丹」一九四一（昭和16）年頃

半泥子は、しばしば竹の花入を作った。千歳山に自生する竹ででも作ったし、尾鷲へ出張して汽車を待っているとき、竹林から一本の竹を伐ってきて、たちまち数個の花入を作るということもあった。初めは、竹を伐るのにあらかじめ墨で線を引いてから、鋸を使ったが、のちには線を引かずにいきなり鋸をあてて伐っても、狂いなく伐れるようになったと威張っている。

三笠宮宿泊のとき、千歳山の竹で作った花入に寒牡丹を活け、旅情の慰みに供した。しかし、この花入の底を見ると、伐ったあとが段になっている。それでも花入はちゃんと立っているから不思議である。

左は、小堀遠州（江戸初期の武将、茶人）の作になる竹花入を半泥子が写したもの。半泥子の筆また風薫るようにさわやかである。

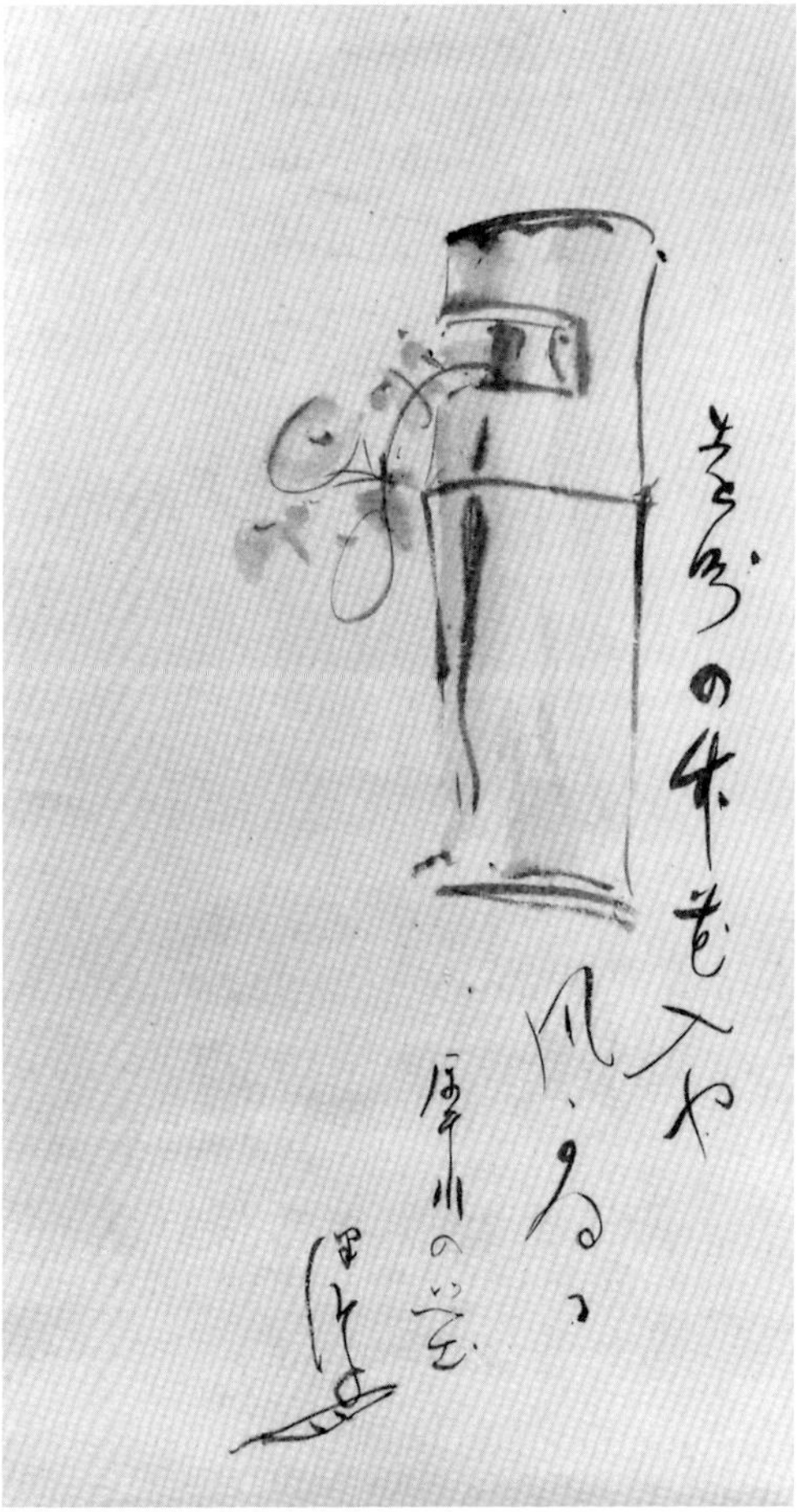

花入図「遠州の」　遠州の竹花入や風かほる　犀川の思出　半泥子

南蛮縄簾水指　千歳山窯　一九四一（昭和16）年頃

半泥子が千歳山に建てた建物のうち書院造りの一棟は、東伏見宮により「紅曦閣」と命名された。その東伏見宮に半泥子はあるとき、焼芋をご馳走したことがある。それが評判になり、他の皇族もやってきた。

三笠宮（昭和天皇の末弟）台臨のとき、貞明皇后（昭和天皇、三笠宮の母）に水指を作って献上した。外は素朴な「松葉掻き」、内に金箔を施す南蛮縄簾水指である。素朴にしてかつ気品あり。「川喜田の趣味のほどがわかった」と皇后は言われたという。右はその「写し」である。

左はそのときの作句。

戦後、貞明皇后に陶芸を教えてほしいという要望があり、宇佐美毅宮内庁長官が千歳山まで来たことがあったが、その任にあらずと、半泥子は断った。

短冊（表裏）

御前陶車　水引きの茶碗に映る紅葉哉　半泥子　昭和十六巳十一月十六日於泥仏堂　三笠宮殿下の台命に依り御前に陶車す

三聾生図　一九四〇（昭和15）年頃

初冬泥仏堂に久田宗匠　小西平内君と利休作
音曲花入を語りつゝ花入を切る　半泥子
秋あつし音曲はづれの三聾生　半牀

半泥子は、表千家の名門久田宗也に毎月来てもらって茶の湯を習い、もっとも格式の高い「台子茶」（中国伝来の芸術品を飾り、その前で厳重な格式にのっとり行う茶）まで身につけるまでになった。

右は、久田宗也と小西平内、半泥子が花入を作っているところである。現宗匠の尋牛斎によると、右が久田宗也、中央が小西平内、左が半泥子だという。絵の左に書いてある俳句は、久田宗也（半牀庵）が自作の句を賛したもの。

小西平内（太平）は、当時甲子園で楽焼をやっており、甲子園ホテルに半泥子が泊まったとき、たまたま陳列してあったその作品を見て、興味を覚え、そのアトリエを訪れ励ました。それ以来の同志である。

一九四二（昭和17）年半泥子は、当時の京都府知事（前の三重県知事）安藤狂四郎に招かれて、三千家（表千家十三代即中斎、裏千家十四代淡々斎、武者小路千家九代愈好斎）、それに半泥子の師匠であり、即中斎の実弟でもある久田宗也も同席しての茶の揃い飲みに参加した。そのとき、三千家が一字ずつ揮毫した「雪月花」の書をもらった。「雪」は即中斎宗左、「月」は淡々斎宗室、「花」は愈好斎宗守の筆になる。書の傍らには、それぞれの花押が記されている。

三千家書「雪月花」一九四二（昭和17）年（石水博物館蔵）

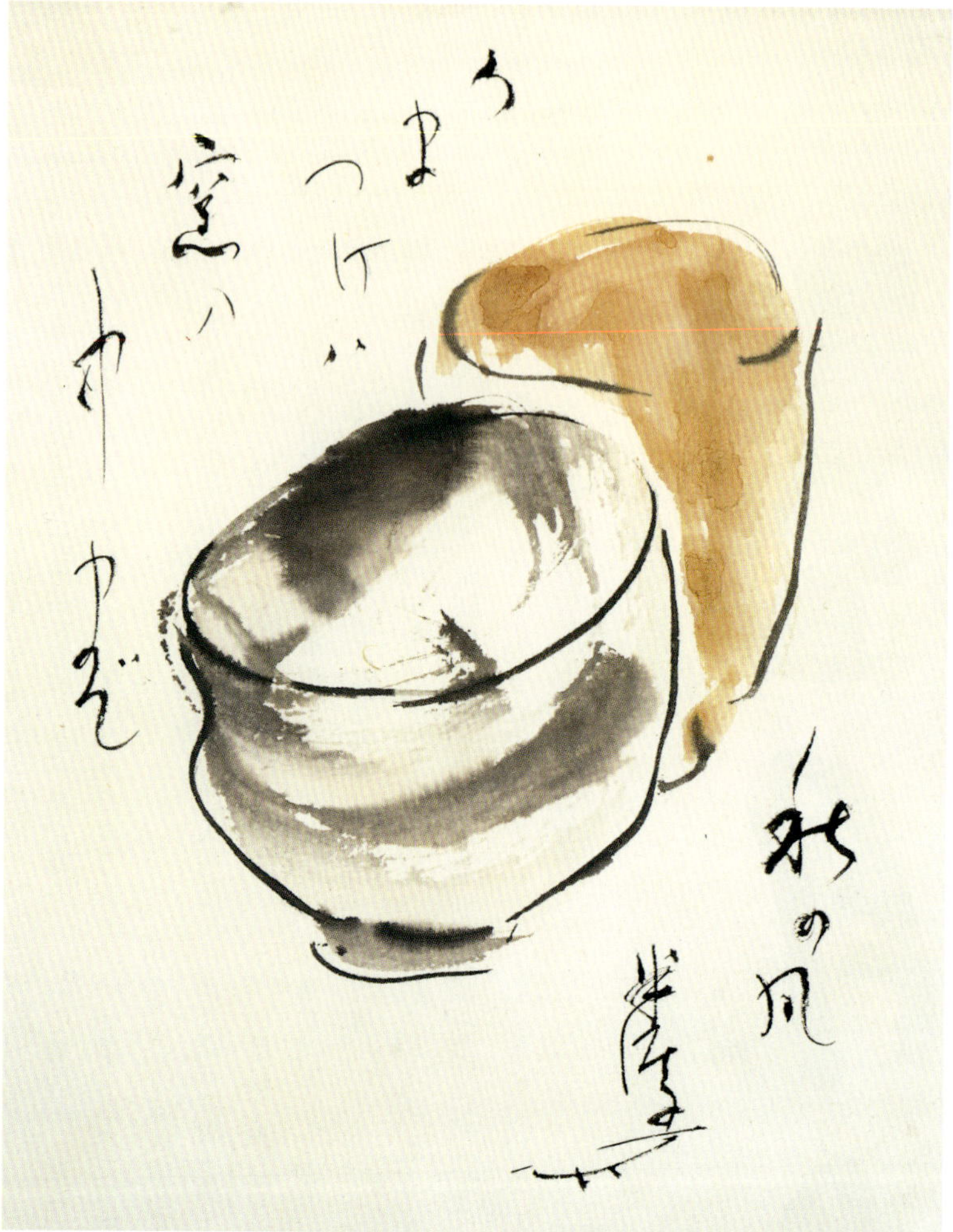

茶碗図「かまつけば」一九四一（昭和16）年

かまつけば
窯の
中まで
秋の風
半泥子

「かまつけば」は、「窯築けば」。そういえば、この茶碗のならべ方は、登り窯のイメージと重なる。「窯の中まで秋の風」とは、まことに爽やかである。

箱書として書かれた狂歌もおもしろい（左の写真）。

一九四〇（昭和15）年、五島慶太、畠山一清、田辺加多丸など財界の茶人たちが千歳山に集まったとき、田辺の実兄である小林一三（逸翁）は、日独伊三国同盟祝賀のためにイタリアに向け渡航中で、出席できなかった。渡航のため乗った椎名丸から半泥子に電報を打ってきた。

　手づくりの茶碗の尻を撫でながら無茶人た
ちのチャチャムチャクかな

これに対する半泥子の返電。

　無茶人の轆轤あそびを椎名にて伊太利たっ
たりの君をしぞ思ふ

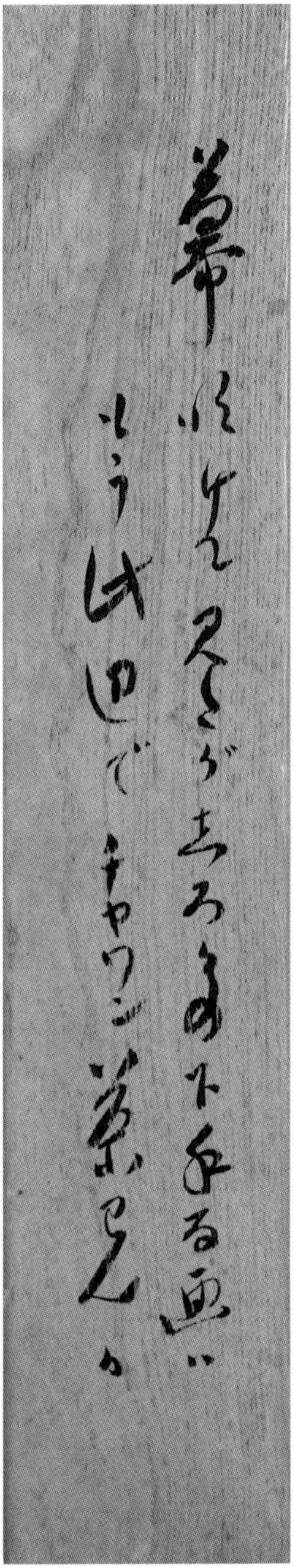

同箱書　幕明けて見たがしろとの下手な画はもう此辺でチャワン茶わんか

菊花茶碗　銘「しら菊」　一九四一（昭和16）年

同箱書

三笠宮殿下御台臨之日　昭和十七午之秋　於泥仏堂　半泥子

「従来の陶芸家には沈滞した茶碗の世界に新風をもたらす活力はなく、半泥子の存在によって茶碗は再び数寄風の造型として蘇った」とは、評論家、林屋晴三（一九二八〜）の言葉である。半泥子のほかにも、桃山時代の陶芸の復興に力を尽くした陶工はいる。だが、その多くは、たんに桃山時代を模倣したにすぎない。ほんとうに桃山の陶芸を復興させるということは、桃山に学び、これを乗り越えることである。それがまた、本当の侘び茶の精神に沿うことである、と半泥子は考えた。

「私には古陶器を模すだけの腕前もないから」と、半泥子は言った。また「生来のツムジマガリから」自分の心の赴くままに作るのだ、と。半泥子が模倣しようとしたのは、桃山の精神であり、光悦の精神であった。

右は、三笠宮台臨のとき、その前で絵付けした菊花紋茶碗である。

上は、その箱書。

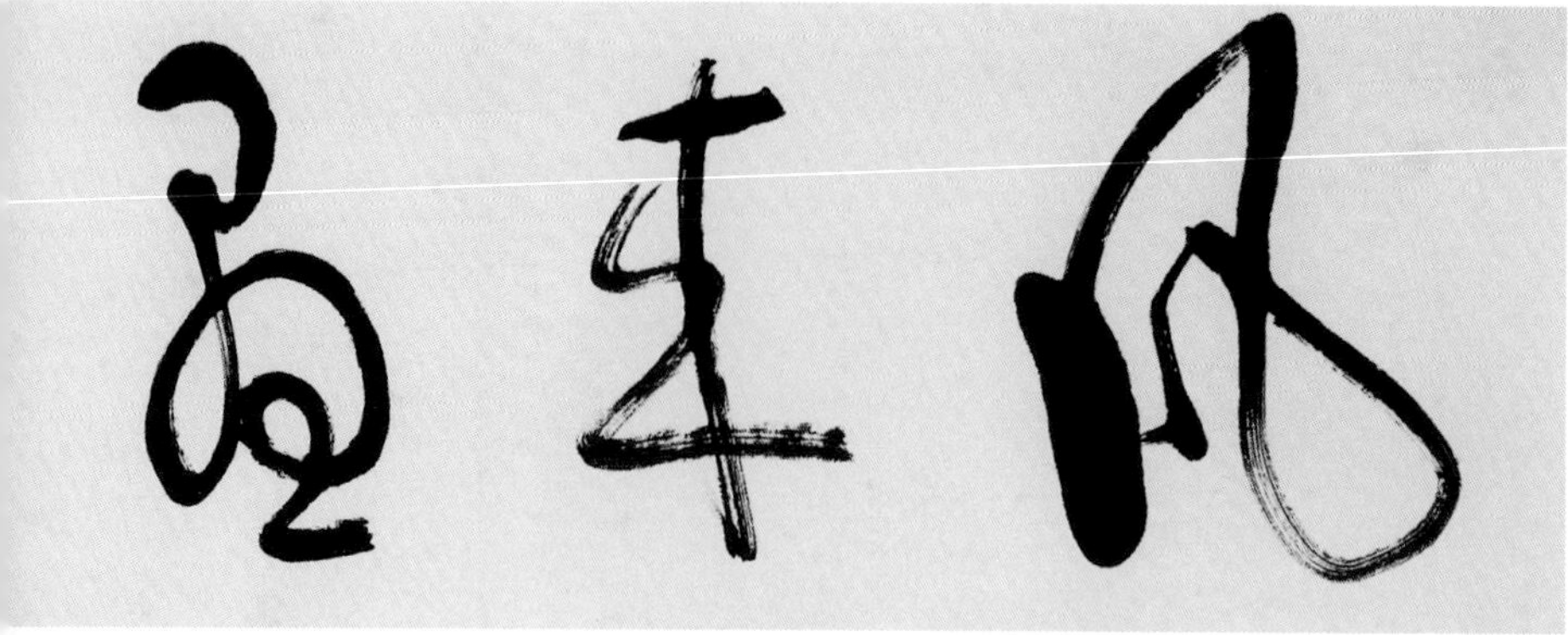

書「風来画房」

風来画房　無茶法師

「風来画房」と書いた扁額は、千歳山の書斎に掲げられていたと思われる。風来たり、風去る。風に吹かれて筆を執る半泥子。

風には、季節季節の色があり輝きがある。とりわけ秋の風を半泥子は愛した。

腕を大きく動かし、気持ちよく筆を運ぶ。作品には、何ものにもとらわれない飄々とした自由な雰囲気が漂う。爽やかな書である。落款は無茶法師とある。花押は、例の茶碗図、悠然としておもしろい。

下は、千歳山風景。はるかに伊勢湾を望み、風颯々。

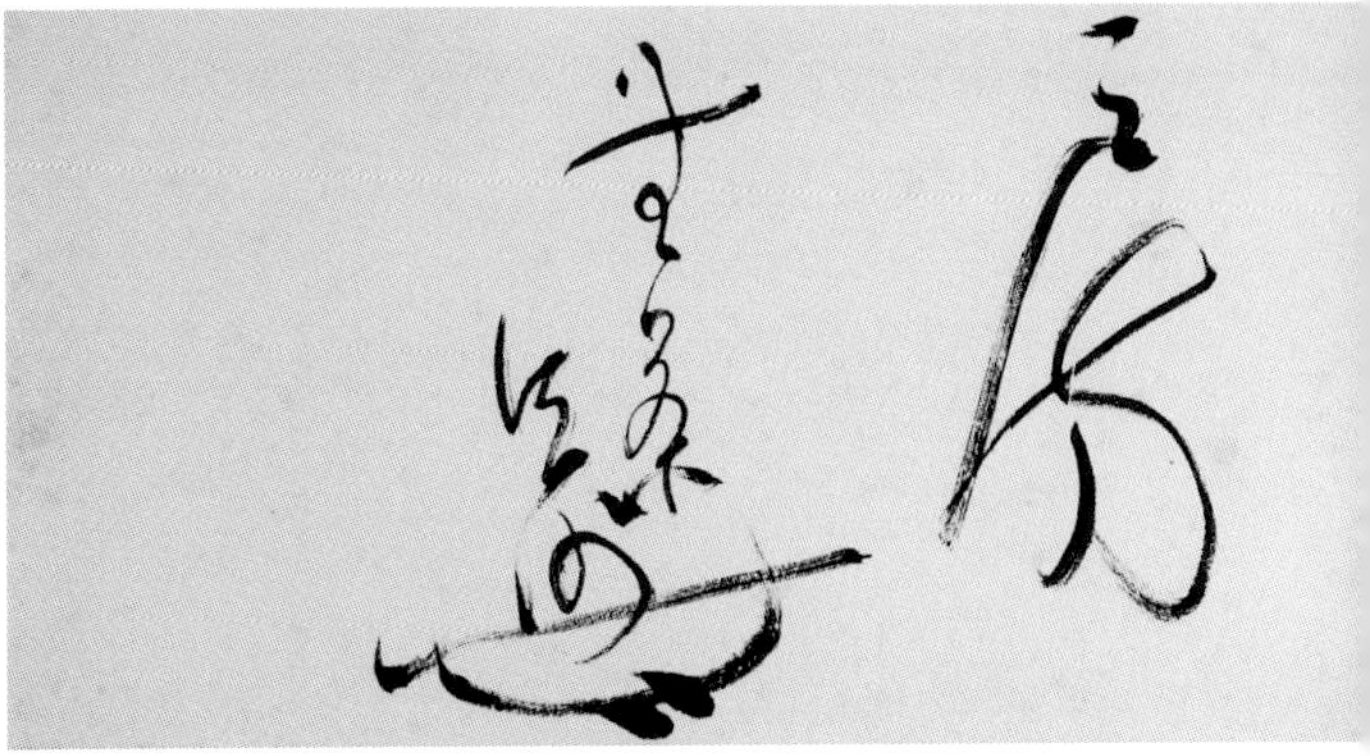

千歳山風景（半泥子撮影）

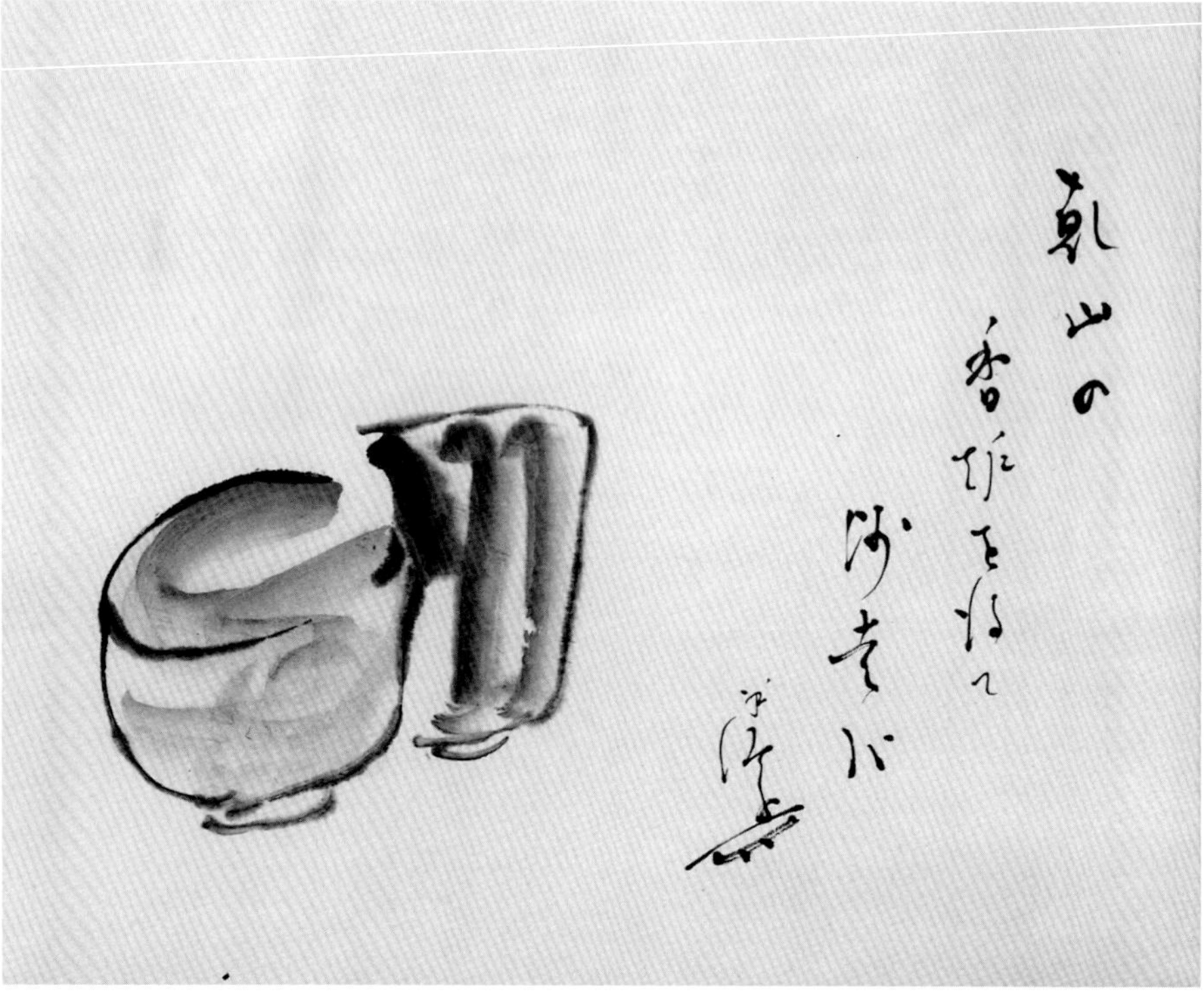

茶碗図「乾山の」一九四〇（昭和15）年頃

乾山の
香炉を得て
師走哉
半泥子

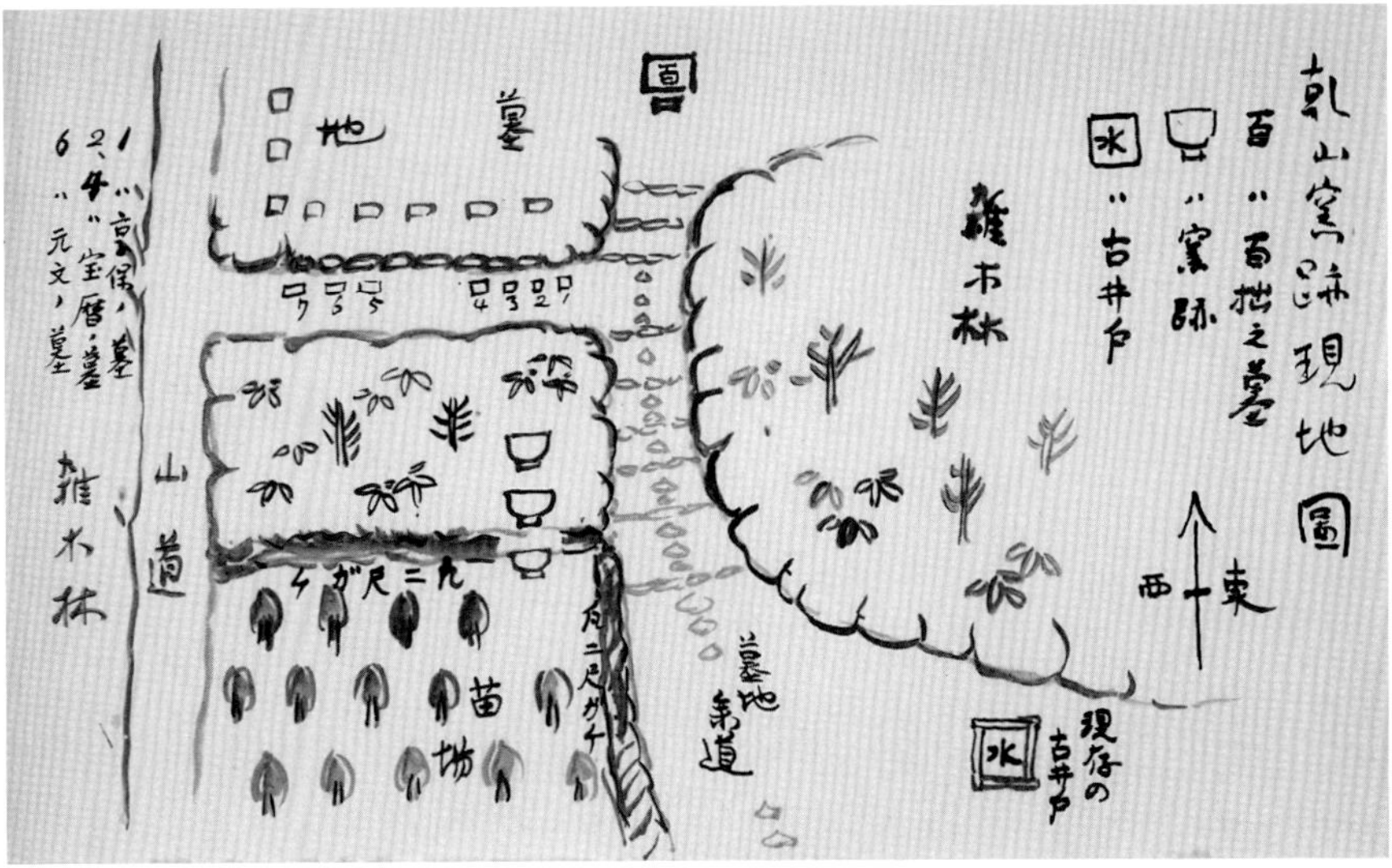

「乾山窯跡現地図」（石水博物館蔵）

尾形光琳（一六五八～一七一六）、乾山（一六六三～一七四三）の兄弟は、光悦の姉の曽孫にあたる。

光琳は俵屋宗達の画風を習得、「琳派」の祖となる。乾山ははじめ野々村仁清に陶芸を習ったが、のち独立して、嵯峨の鳴滝に窯を開いた。そこが京都の乾（いぬい）の方にあたることから、乾山と名乗った。

乾山は、しかし仁清の影響を受けず、独自の境地を開く。絵付けは、はじめ絵師である光琳に頼ったが、光琳の死後、自ら描いた。その器体作りも絵付けも、常に新しい境地を拓いていった。そこに半泥子は「素人精神」を見た。

早くから乾山に関心を抱いていた半泥子は一九四一（昭和16）年、六十四歳のとき、乾山直筆の著書、門外不出の『陶工必用』を池田成彬（しげあき）（三井の大番頭、日銀総裁）から借用し、襟を正して模写した。さらに他の乾山伝書を読み、かつ奔放に想像力を駆使して、翌、一九四二（昭和17）年『乾山異考』を書いた。

そして一九四三（昭和18）年、鳴滝を訪れて、その窯跡を発掘調査し『乾山考』を発行した。

「乾山製陶場真景」（石水博物館蔵）

乾山作　絵皿（石水博物館蔵）

一九四二（昭和17）年のある日、半泥子一行は、京都鳴滝の法蔵寺を襲った。荒川豊蔵を含め、計六名。うち遅れて来た藤田等風ら二名は、六人分の弁当に鍬やシャベルをもっていたため、途中で巡査にとがめられるという一幕もあった。

このとき、半泥子六十五歳。時代はすでに太平洋戦争に突入していた。半泥子は時局にそっぽを向いていたわけではない。私費で軍に飛行機を献納し、津市内の出征者留守宅にみずから出向いて慰問し、戦没者宅への弔問をも行なっている。

法蔵寺では、最初に窯を築いて、早くからこの地で陶片を発掘し研究していた青年、春日純精にも会いその知識を借りた。

右ページの図には「井戸」の位置が明記してある。そこから轆轤場の位置を探り発掘した。轆轤場と水との関係が密接なことは、実作者の実感であった。

なお、この画の落款印は「其飯」。「そのまま」の意であり、多くある半泥子の号の一つであった。

朝顔絵八寸　千歳山窯　一九四四（昭和19）年

泥佛堂 無茶法師著
乾山考
伊勢 千歳文庫藏版

『乾山考』一九四三（昭和18）年刊

半泥子は、茶碗に絵付けをすることは少なかったが、その他の器体には、さまざまの絵を試みた。

右ページの八寸（懐石料理の口取りなどに使う）の絵は、乾山を意識して描いたものか。その箱書には、「乾山と隣同士や柏餅」という自作の句を書いている。

『乾山異考』（一九四二・昭和17年）、『乾山考』（一九四三・昭和18年、上の写真）を発行した後も、半泥子の乾山研究は続いた。すなわち、

一九五〇（昭和25）年、「陶工乾山」（雑誌「陶説」所載）。

一九五四（昭和29）年、「陶工乾山」（雑誌「陶説」所載）。

一九五八（昭和33）年、「乾山陶技の精神」（雑誌「萌春」所載）。

一九五八年、半泥子は八十一歳。乾山は八十一歳で生を終えた。「来年からは自分が兄貴分になる」と半泥子は威張っている。

茶碗　銘「月兎」一九四一（昭和16）年

窯場図　一九四一（昭和16）年

白釉二重がけ。下の釉の一部が粗土に吸い込まれ、兎を思わせる形をなす。その上に掛けた長石質の厚い釉薬も剥落し、思いがけない「景色」を生んだ。

ここにまぎれもなく「わび」がある。次の定家の心境である。

見わたせば花も紅葉もなかりけり浦のとまやの
秋の夕ぐれ　　藤原定家
（『新古今和歌集』）

半泥子もまた「苫屋」に住もうとした。戦後十年間は、建坪十坪半の「浦の苫屋」に住んだ。

そこは、「莫加野盧」（193ページ）であり、しかしまた「金殿玉楼」でもあった（144ページ）。

上は、窯場図。上から覗き込んでいるのは、松の木か、はたまた半泥子か。

しばしの間士に坐りぬ岩鏡　半泥子

松林図「しばしの間」

広永陶苑山門の扁額「広恵山」

光悦は、京都鷹ケ峰の地を徳川家康から拝領し、一族五十五軒を引き連れ、一大芸術村を作った。半泥子は誰からか拝領したわけではないが、津市西方五キロの地に登り窯を移し、そこを「広永陶苑」と名付けた。引き連れたのは、いまも陶苑を守る坪島土平を含め三名であった。

ある人が半泥子に言った。「あなたは百年か二百年に一度しか出ない人だ。後継者を作るべきだ」と。それを実行した。

広永陶苑は広い。轆轤場へ行く道に、ふと岩鏡の咲いているのを見た。そこに坐っていとおしむ半泥子。繊細なもの、小さなものの持つ「美」を半泥子は愛した。

上の写真。広永陶苑の入り口の山門。半泥子の書になる「広恵山」の陶額が掛かる。広恵山とは、広永の背後の山の名である。

茶碗図「むちゃ苦茶に」

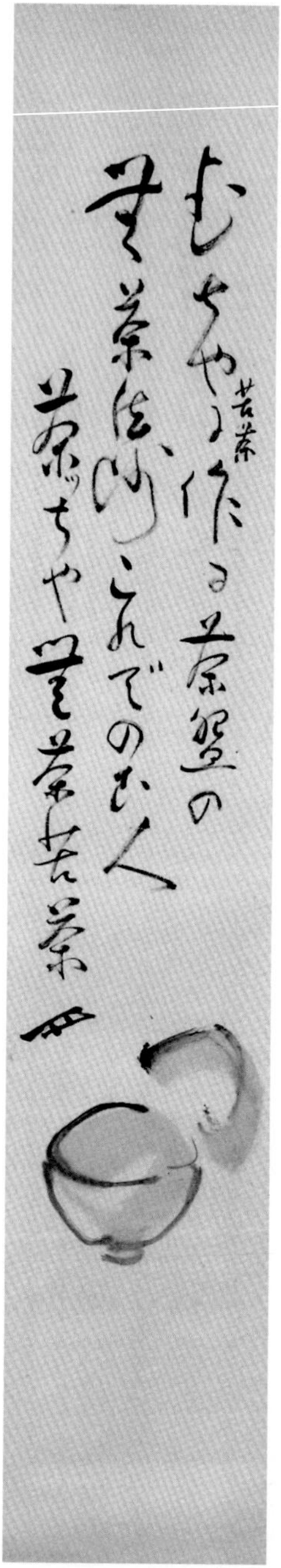

むちゃ苦茶に作る茶碗の
無茶法師これでのむ人
茶ッちゃ無茶苦茶

油彩「自画像」

半泥子の参禅ぶりは、天衣無縫であった。最初の参禅の師、大徹禅師（15ページ）から「隻手の音」という公案をもらったことがある。片手だけで音を出すにはどうすればよいか、というのである。いくら考えても分からない。思いあまって裸踊りをしたら、それでよろしいといわれた。

「無茶法師」という名は「無茶星」といわれることに始まるが（21ページ）、誠拙禅師（一七四五〜一八二〇）の「無茶即大道」という言葉を強く意識したことにもよると思われる。

右の歌は、半泥子の作である。作る茶碗も無茶であれば、茶の飲ませ方も無茶である。茶を飲む方も無茶にならざるをえないではないか。

本来、茶の飲み方に法則があったわけではない。利休の歌がある。

茶の湯とはただ湯を湧かし茶を点て呑む
ばかりなることを知るべし

簡素で合理的であり、思いやりが込められた所作が、本来の茶であった。

上は油絵による自画像。ここには生気溢れる半泥子がいる。

注連飾図「徳者堪忍」一九四五（昭和20）年

徳者堪忍　後萬歳　酉之春　半泥子

初釜風景（安愚楽倶楽部にて）

「注連飾図」は、一九四五（昭和20）年初頭の作。半泥子、六十七歳である。二月には百五銀行頭取を辞し、取締役会長になる。

「徳は堪忍、後萬歳」。まるで半年後に終戦を迎えることを予測しているように。

しかし、この後、三重県は六月、四日市を初めとし、七月には桑名市、津市、宇治山田市が空襲を受け、百五銀行も本店の一部のほか支店のいくつかも消失した。

そして八月終戦。十一月には千歳山の邸宅を進駐軍に取り上げられその隣に新築した仮住居に住んだが、進駐軍の喧噪に悩まされた。住居にも柱や壁にペンキが塗られ、庭の灯籠の苔も剥がされた。

この家に「ABCクラブ」と名前を付けて謹呈したら、進駐軍は喜んだが、それはアメリカン・バカヤロウ・クラブの意味であった。

光悦を
ゆめに
ひる寝の
伽羅枕
半泥子

伝本阿弥光悦作「松韻」（石水博物館蔵）

家に伝来した伽羅枕に香を焚き、光悦を夢に見ることを願って寝た、というのである。

中京におけるある集会において、半泥子は焼物について講演したことがある。

「下手で不器用で、上品で力強いものが上の上です。昔なら本阿弥光悦です」と半泥子は言った。質問する人がいた。

「いまならだれですか？」

「いまなら…、少し待って下さい。そのうちなりますから。」

みんなドッと笑った。

本阿弥光悦（一五五八〜一六三七）は、桃山期から江戸初期にかけて活躍。刀剣の鑑定・研磨などを業とした。彼の名を不滅のものとした書や陶芸・漆芸は、すべて余技であった。余技だから売る必要がない、ゆえに自分の理想とするものを作ることができる、と半泥子もまた同様に考えた。

現存する光悦作の茶碗は、きわめて少ない。しかし、どれもが人間の心の高貴さを表し、今に至るも不滅の光を放っている。千歳文庫にも光悦作と伝えられる赤楽の茶碗「松韻」が蔵されている。

寒椿図「寒菊や」

寒菊や
光悦の
文
よみがたく
半泥子

光悦書状（石水博物館所蔵）

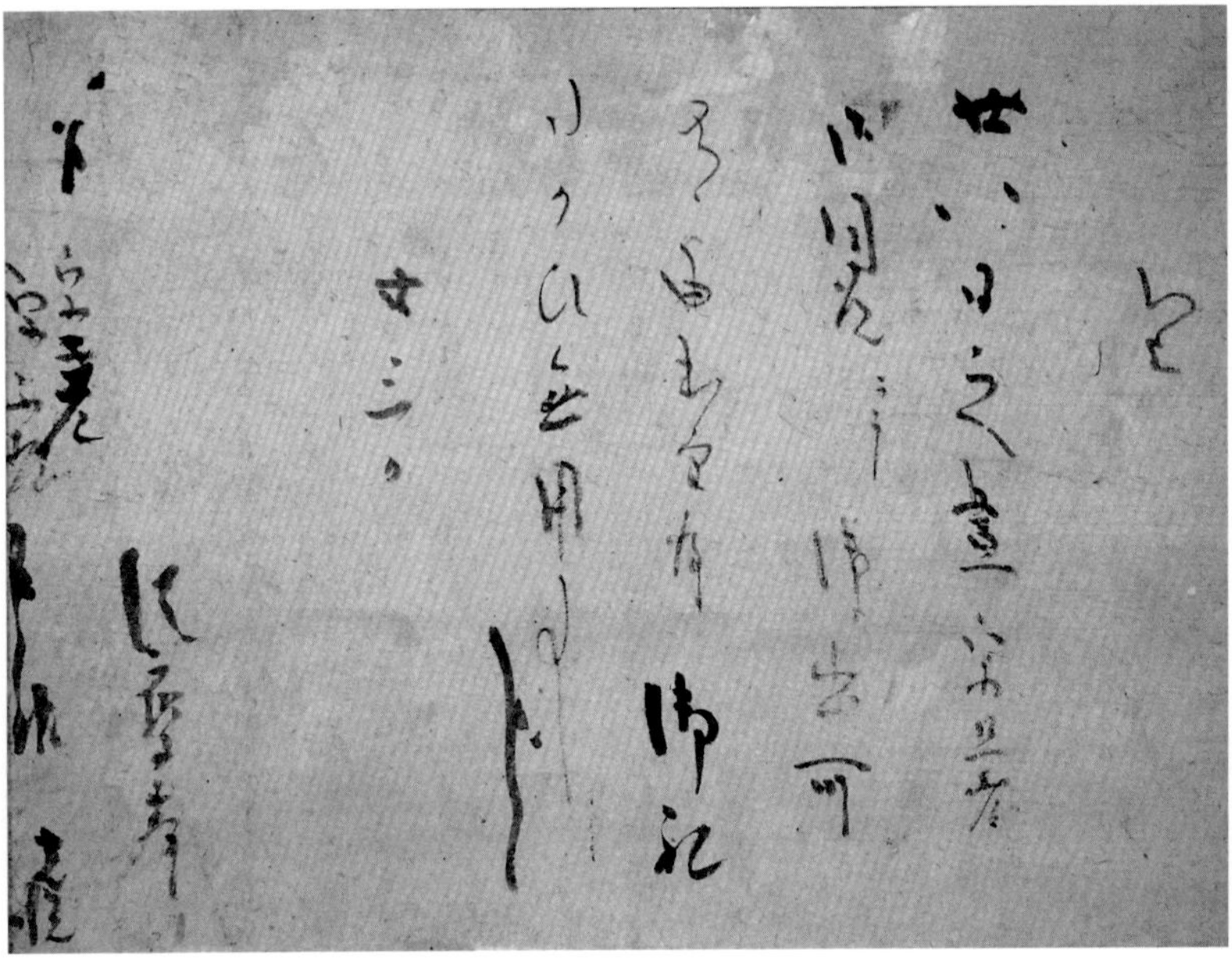

以上　廿八日の昼宗旦老　御同道にて御出可有由本望存候
御礼たかひ無用事候　かしく　廿三日　従鷹峰　光悦
宗二老　宗囨老　貴報

吉川英治の『宮本武蔵』のなかに、武蔵が光悦に茶をよばれる場面がある。「そこらの土を子供が捏ねたように不器用に見える茶碗」だが、「この茶碗の土を切ってある篦(へら)目の鋭さ」に武蔵は眼を見張る。柳生石舟斎（宗厳）が切った芍薬の切り口とどちらが鋭いかと思い、その茶碗が光悦の手になることを知って驚嘆する。

光悦は轆轤を用いず、手捏ねで作った。これに対し、半泥子は轆轤で一気に挽きあげた。そのような違いはあったが、その勢いは光悦に通じるものがあった。

吉川英治はこの小説の中で、半泥子を灰屋紹由(はいやしょうゆう)になぞらえたが、半泥子に宛てた吉川英治の手紙には「六条柳町の悪文にご自身を紹由に見立てられ候も、ナカナカあの爺さんどころにはあるまじく、必定願わくば光悦まで御精進被遊やう祷申上候」とある。吉川英治も、半泥子が光悦たらんことを願った。

左は光悦の書状。寛永の三筆の一人として数えられた光悦であるが、なるほど「よみがたく」である。

徳利図「貧乏口」(「土師香記」より)

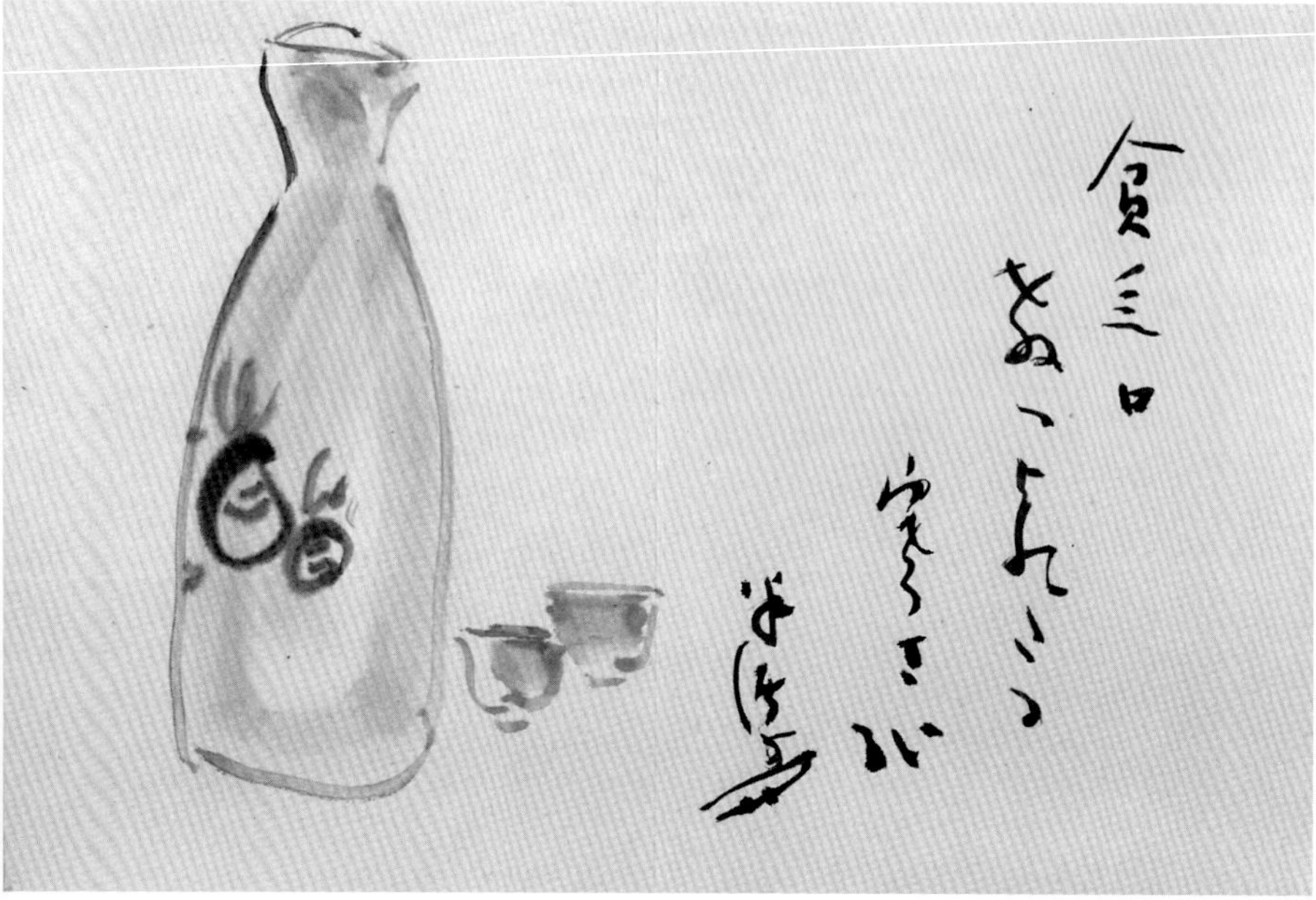

貧乏口
教へられたる
寒さ哉
半泥子

「土師香記」表紙・同帖

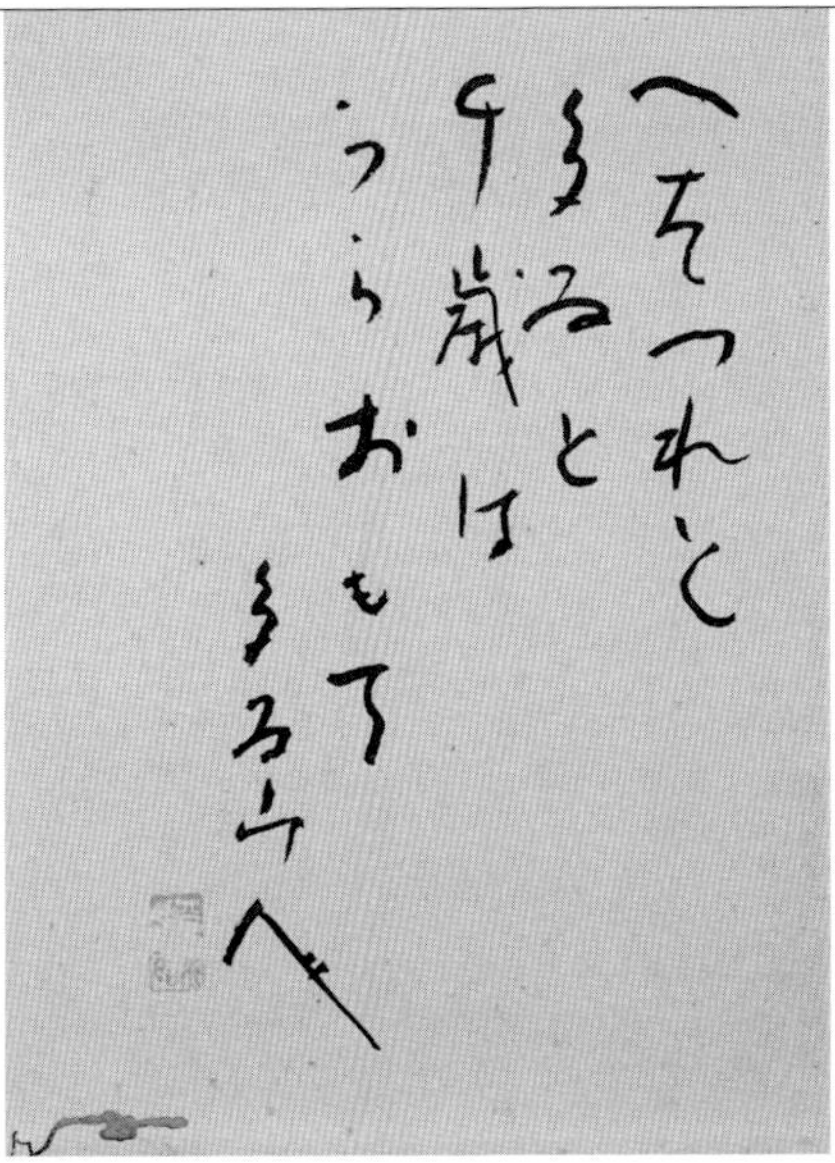

へだつれど多為と千歳はうらおもて　多為山人

半泥子は、少なくとも二冊、「土師香記（はじかき）」なる句画帳を描いている。

これはそのうちの一冊、津の郊外、多為の農家である稲垣水昭の家で描いたもの。

二人の交流は、半泥子が陸軍に戦闘機を献納したとき、在郷軍人会分会長として出席していた稲垣水昭から礼状をもらったときから始まる。稲垣の筆跡と文章に惹かれた半泥子は、何度か文通し、稲垣を千歳山に招くとともに、みずからもしばしば多為を訪れるようになった。

稲垣水昭の畑で焚火をして芋を焼いて食べ、水昭のお点前で茶を喫した。半泥子にとって、これは風雅への逃亡であった。

あるとき、出された徳利の口の尖った方から酒をついだら、水昭から「それは貧乏口といいますのや、大人は広い方からつがないとあきまへん」と言われた。右はそのことを俳句にし、絵に描いたもの。

上は、稲垣水昭（多為山人）が半泥子の句画帳の表紙および、帖裏に書いたもの。

稲垣水昭宛書状　一九四五（昭和20）年

一九四五（昭和20）年二月、半泥子は百五銀行の頭取を辞し、会長になった。家で過ごす時間が多くなり、薪集め、風呂焚きなどの仕事もしたが、けっこう楽しそうにやっている。この手紙の宛名の稲垣水昭は、土に根づいた風雅の人であった（113ページ）。半泥子は、仕事に疲れると、ふらりと稲垣を訪れる。行けないときは、手紙を送った。

やがて、津市の東にある広永に窯を移し、その近くに、十坪半の家を建てて半泥子は手伝いの人と住みはじめた。下はその頃の日常所見である。

昨今の忙しさ甚しく候上　宅にても中々忙しく落葉と薪集め　炭材の木伐り　夕方は風呂焚き　半泥子も大車輪に御座候　拝具　乙酉二月二日夜　半泥子　稲垣雅台几下

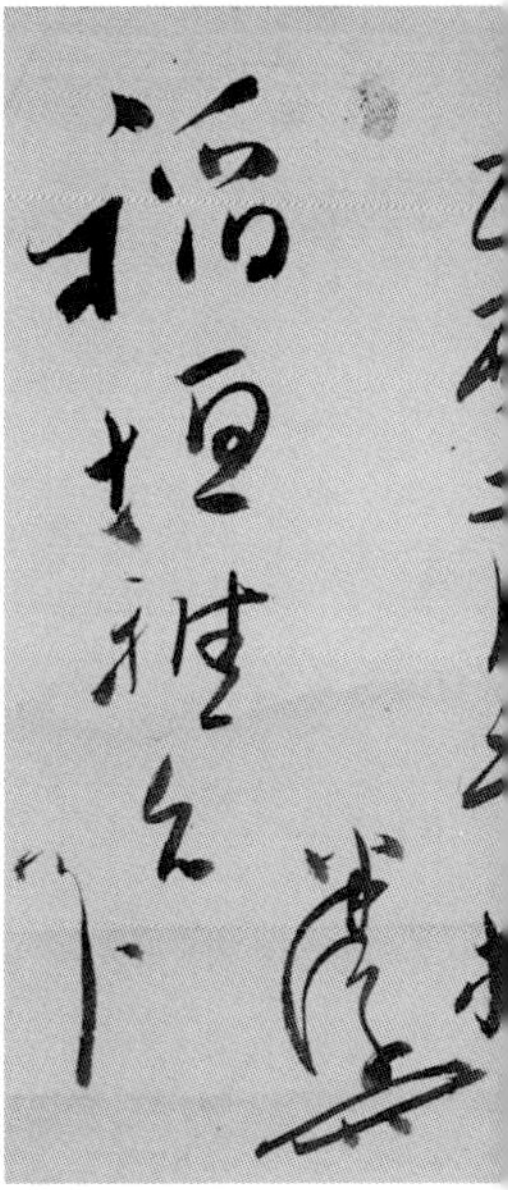

「広永絵巻」部分　一九四七（昭和22）年（石水博物館蔵）

唐がらしとめざしの影す冬障子　半泥子

「広永絵巻」部分　一九四七（昭和22）年
（石水博物館蔵）

半泥子は多くの俳句を作った。藤田等風によれば、七百五十句近く残っているという。半泥子の俳句の師、梶島一藻は、桑名きっての文化人であり、その俳句も飄々としておもしろい。

梶島一藻は、松瀬青々の主宰する「倦鳥（けんちょう）」の同人であり、また、一九二三（大正12）年、俳誌「かいつむり」を創刊。このとき、半泥子は、杉本幽鳥、野田別天楼らとともに、同人として参加、梶島一藻が戦後間もなく没するまで、親しくつきあった。

この句画巻「広永絵巻」は、二巻からなる長巻である。半泥子と梶島一藻とが、広永の風物を交互に描き、句を散りばめている。上は半泥子作、左下は一藻作。

横島一藻書画「広元絵巻」より（石水博物館蔵）

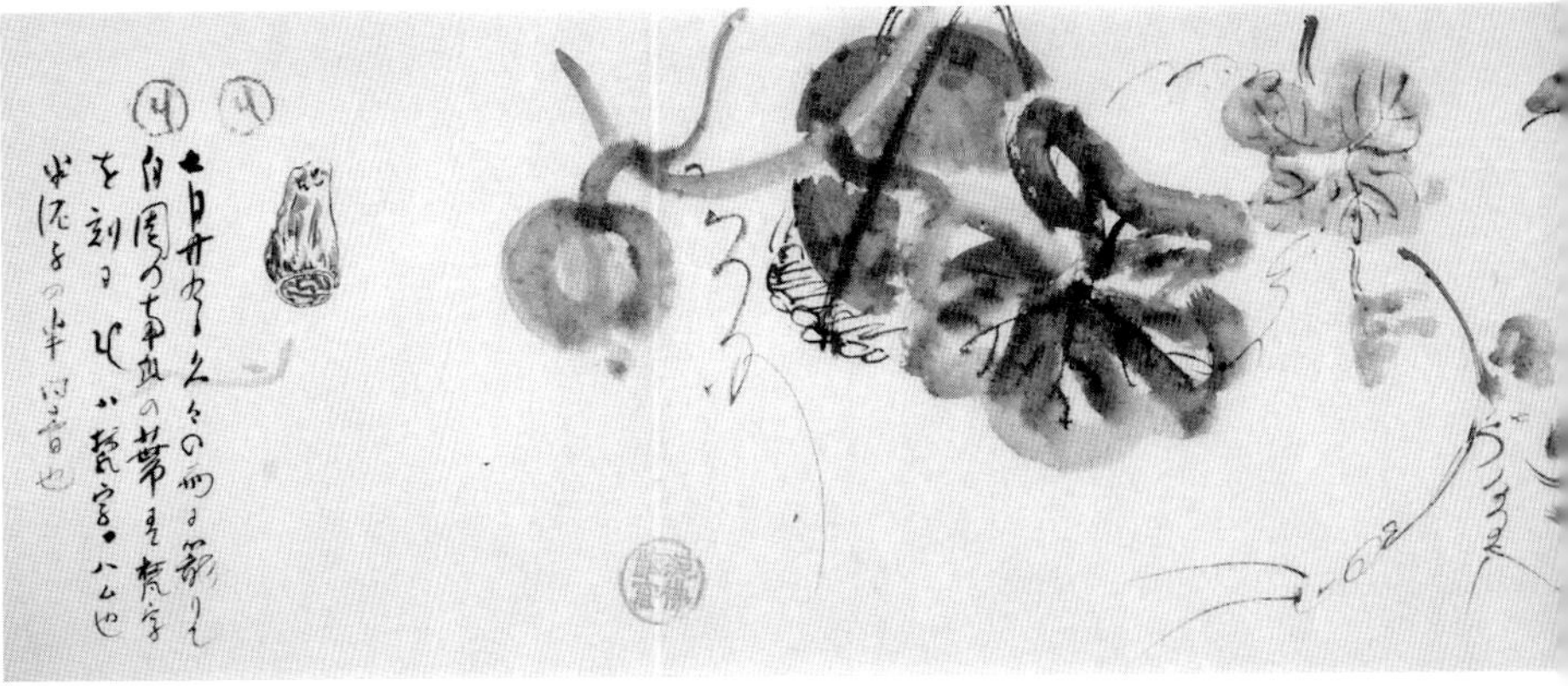

明治生命の小池さんに貰った
北海道のまさかりが村で評判
のかぼちゃとなり段々大きく
なる　七月廿九日久々の雨に
籠りて、自園の南瓜の蔕にて
梵字を刻る[梵字]は梵字のハム也
半泥子の半同音也

下はしる水にたるゝや寒椿　一藻

広永陶苑風景

IV

金殿玉楼

茶杓銘「冴えかへる」

冴えかへえるろくろの土の引残り　筒共　半泥子

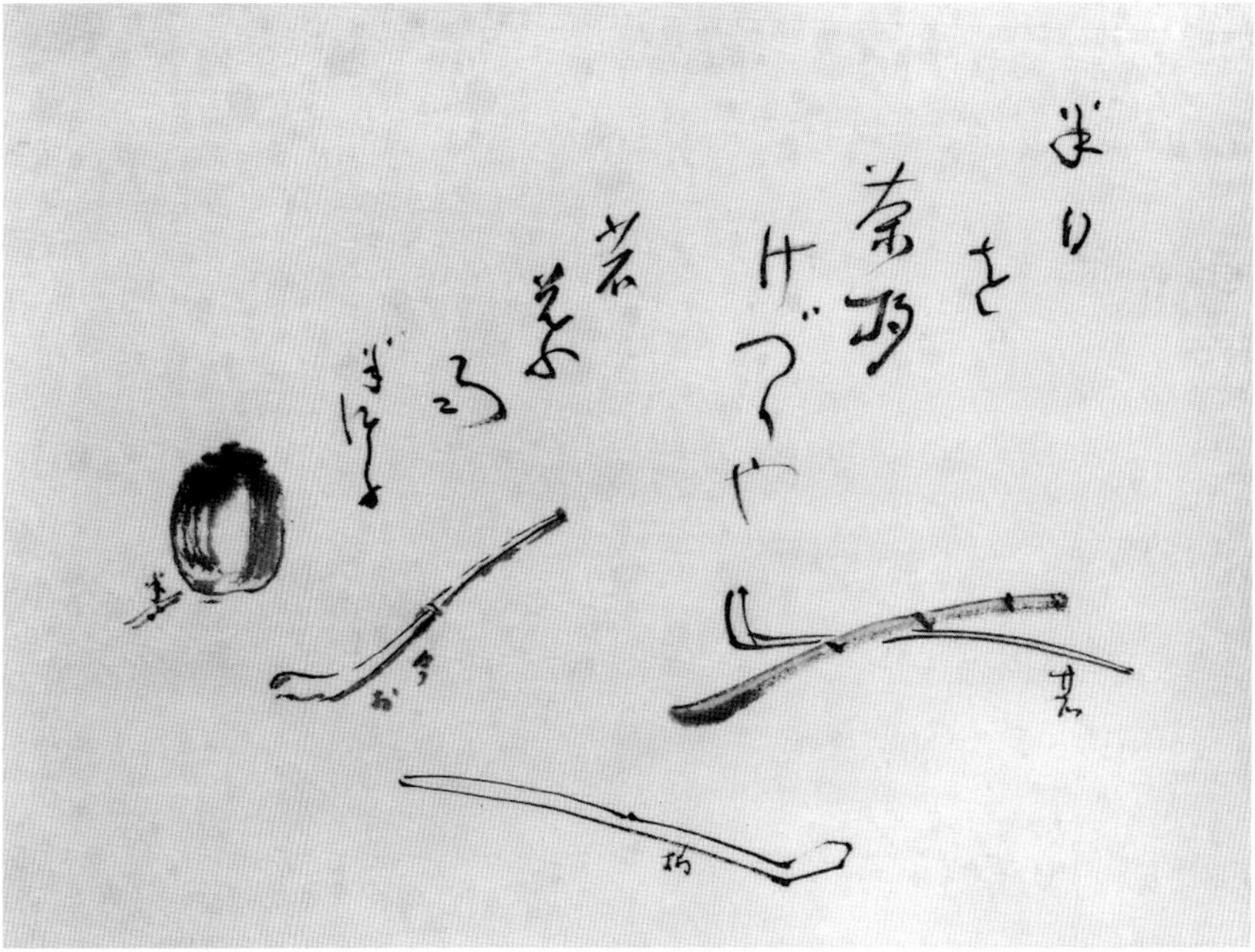

茶杓図「半日を」

半日を茶杓けづりや若葉雨　半泥子

多くの宗匠によって削られた茶杓が残されている。どれも端正である。とりわけ利休の作は端正である。それゆえ半泥子は、利休の茶杓を好まなかった。利休は下削りを他人にさせた。仕上げだけを自分が行なっても、それは利休ではない。利休の人格のすべてがそこに投入されているわけではない。

半泥子は、もちろん材料の収集から削りまで、すべてみずからの手で行なった。命名もおもしろい。千歳山の紅梅で作った「老鶯」、津の北部、白子千代崎海岸の家にあった萩の枝で作った「浦の家」、万古焼の森有節の削り残した竹で作った「冬ごもり」、長男・壮太郎が吉野・金峰山の茶屋で拾ってきた竹で作った「草枕」。手当り次第の材料で茶杓を作った。

端正なものもあったが、瓢軽たものをとりわけ好んだ。『宗湛日記』（博多の豪商、茶人、神谷宗湛の書いたもの）に、「瀬戸茶碗ひづみ候也。瓢軽也。」と言った。その「瓢軽」である。

右は、半泥子にしては珍しく端正なもの。なるほど、銘は「冴えかへる」である。

藤絵水指　広永窯　昭和二十年代

轆轤を引く半泥子

この水指、胴を締め、口は開き気味。藤を描き、その上から釉をかけた。二重がけの、上の釉が焼成中に一部剥落して、まるで梅雨時の靄のようにけぶっている。

釉がけも、むろん自分で行なった。一応の計画はあるにしても、その場に臨んで、新たな決断がいる。

半泥子は、弟子たちによく「間」を大切にせよと言った。釉で覆わない部分は、空間における「間」である。「間」が一種のリズムを作る。釉を掛ける直前の「間」。そして、一気に釉を流す。釉が流れて高台に流れ込もうとするその一瞬、息を強く吹きかけ、その流れを止め、あるいは変える。多少の乱調は気にしない。乱調もまた精気である。

この「藤絵水指」の箱蓋裏には、「オランダ写しのつもり也　為艸人会」と書く。「艸人会」とは、一九五二（昭和27）年発足の半泥子流茶の湯の会で、茶にはなっておらぬという意味でかく名付けた。半泥子は、終生この水指を傍らに置いて愛用した。

「常識茶会之図」

茶を点てる半泥子　荒川豊蔵画（石水博物館蔵）

半泥子みそをするようにお茶をたて　へちかん画

岡山に「小石会」という集まりがあった。半泥子が備前を訪ねたとき知り合った、茶人くさくない茶人達の集まりであった。メンバーは弁護士、新聞社社主、臨済宗和尚、菓子商、画家、陶芸評論家など。

小石会の人々は、しばしば千歳山を襲った。半泥子によれば、「風のごとく来たり、風のごとく去る」という具合であったという。

伊勢湾を見下ろす千歳山の松の巨木の下、持参の飯盒で団子を作り茶菓子とし、半泥子作の茶碗で茶を点てて楽しんだ。もちろん半泥子も参加した。

表題に「常識」という言葉を付けたのは、形式だけに堕ちた現代の茶に対する半泥子の批判が含まれている。茶人くさい茶人は、坊主くさい坊主とともに半泥子の嫌うところであった。「ぼろを着ていても茶席の正客になれるような人になれ」とも言った。

へちかん（ノ観）は、桃山時代の茶人であり、奇行で知られる。荒川豊蔵もまた、みずからを「へちかん」と言った。皿のような茶碗で半泥子にお茶を点てさせ、楽しむ荒川豊蔵。

高麗手茶碗　銘「雅茶子」広永窯　一九四九（昭和24）年頃

同箱書

雅茶子ト申します　半泥子戯銘

「雅茶子」とは、上野動物園にいた象の名前、ガチャコからとった。

戦争中、日本の動物園の象は、名古屋の東山動物園の二頭を除き、ことごとく処分された。射殺するに忍びず、飢え死にさせようとしたら、芸をすれば餌がもらえるだろうと、衰弱しきった象が逆立ちをしようとした話がある。そんな話を半泥子が知っていたかどうかは知らないが、敗戦後の荒廃した風景の中にやってきて、日本中の子供たちに熱狂的に迎えられた象に、とりわけ感受性の強い半泥子が、やさしいもの、平和なものを感じ取っても不思議はない。

一九四九（昭和24）年の九月、タイから子象ガチャコが贈られたと記録にあるから、この茶碗の制作は一九四九年以後ということになる。

ガチャコは日本に来て、花子と改名された。この茶碗の堂々たる器格、灰白色の地色に薄茶、焦げ茶など多くの斑点を沈ませている。それに器の底から四方に分かれてはみ出した巨大な高台の常識を逸した型。象の足を彷彿とさせる割高台は、豪放な器体と一体となり堂々として、周囲を圧倒する。

書「廬山煙雨浙江潮」

蘇軾（号、東玻）は、北宋の詩人。これはその七言詩の一節である。

廬山烟雨浙江潮　未到千般恨不消
到得還来無別事　廬山烟雨浙江潮

（廬山の煙雨浙江の潮　未だ到らず千般恨消えず　到り得て還り来れば別事無し　廬山の煙雨浙江の潮）

半泥子にしては珍しく、漢詩を草書で書いている。「廬山」をゆったりと書き出し、「浙江潮」は文字がやや詰まっているが、それを感じさせない見事な文字の配置になっている。

蘇軾は筆禍に遇い投獄され、流刑にもなったが、許されて復帰、各地の知事を勤め、公共事業などにも名を残した。

景勝地として有名な廬山（江西省北部）へも、高潮で有名な銭塘江の河口へも、それぞれ近くの知事として赴任しているので、これらの景勝地をも訪れたと思われる。

蘇軾像（趙孟頫画）

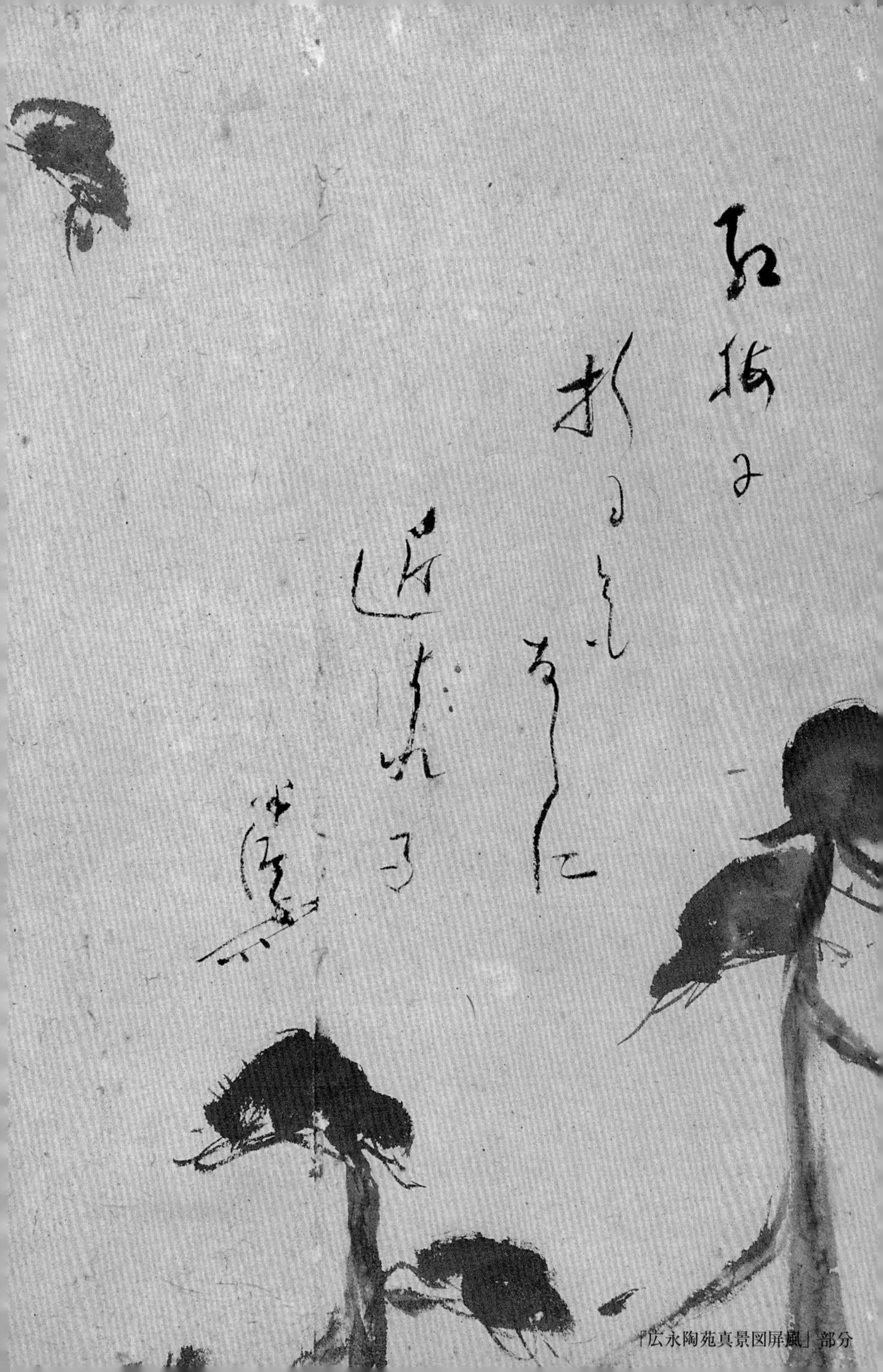

「広永陶苑真景図屛風」部分

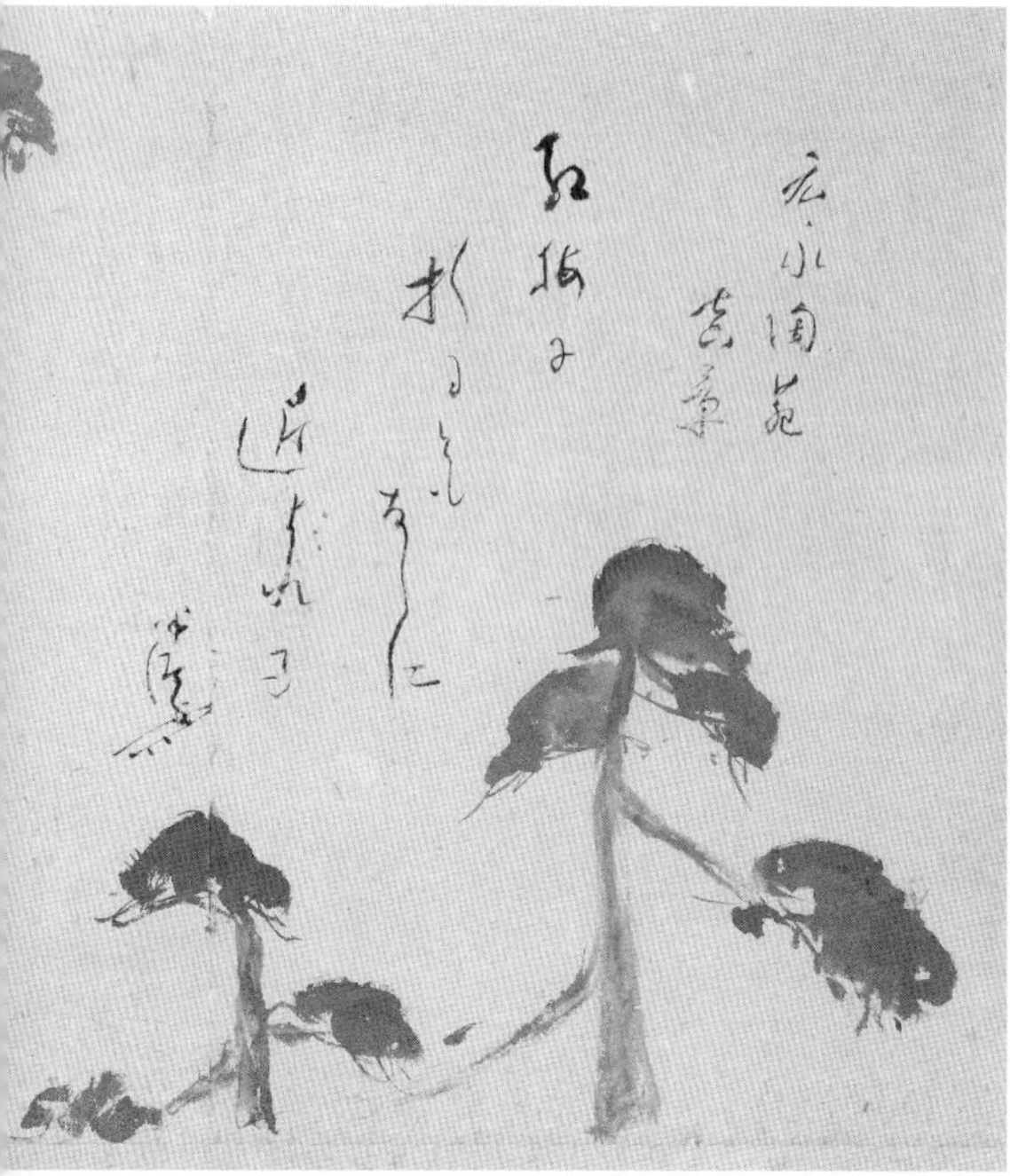

「広永陶苑真景図屏風」

広永陶苑真景

紅梅に折るともなしに近よれる　半泥子

戦後、一九四五（昭和20）年、広永に十坪半の家を建てて移った半泥子は、翌一九四六（昭和21）年、近くの広恵山の山麓、森の中に千歳山の窯を移した。二キロほどはなれた新しい住居から、広永に通う。陶苑の門から轆轤場まで二、三百メートルの道を歩くのも楽しみである。紅梅が咲いている。ふと立ち寄りたくなる。

域内に、小さな古墳がある。その上にこれも小さな天神祠を建てた。その参道とも言うべき小さな坂には五対ばかりの狛犬と一対の灯籠。天神祠を含めすべて陶製。半泥子の手製である。そのうち最上段にある狛犬の向って右側のものは、焼いているうちに棚板が落ちてきて、頭にくっついてしまった。それでも阿形の持つ男性のシンボルは隆として天に向かい聳えている。

天神祠

刻文八寸　銘「山月」一九四九（昭和24）年

蓑虫図「みの虫に」

みの虫に金ぱくつけて遊ぶ哉　半泥子

この「八寸」、粗い土を使ったため、口辺の部分が歪んだり切れたりして、いわゆる「べべら口」になり、器体の縁は不安定に波打つ。それをなだめつつ焼きしめている。見込（内側）に描かれた線刻は鋭く、凛としたものがある。なまじっか色彩を施すより、東山の月が皎々と輝いて見えるではないか。

箱書きによれば、谷崎潤一郎、山内神斧（日本画家）、そして半泥子、という三人の個性の連環があった。意外な連環であった。

半泥子がこの二人のいずれにも会ったことはない、と思われるのだが。

左の図。『枕草子』に「蓑虫いとあはれなり」とある。半泥子また蓑虫を集め、それに金箔をつけて遊ぶ。集められて吊るされた蓑虫、またあわれである。

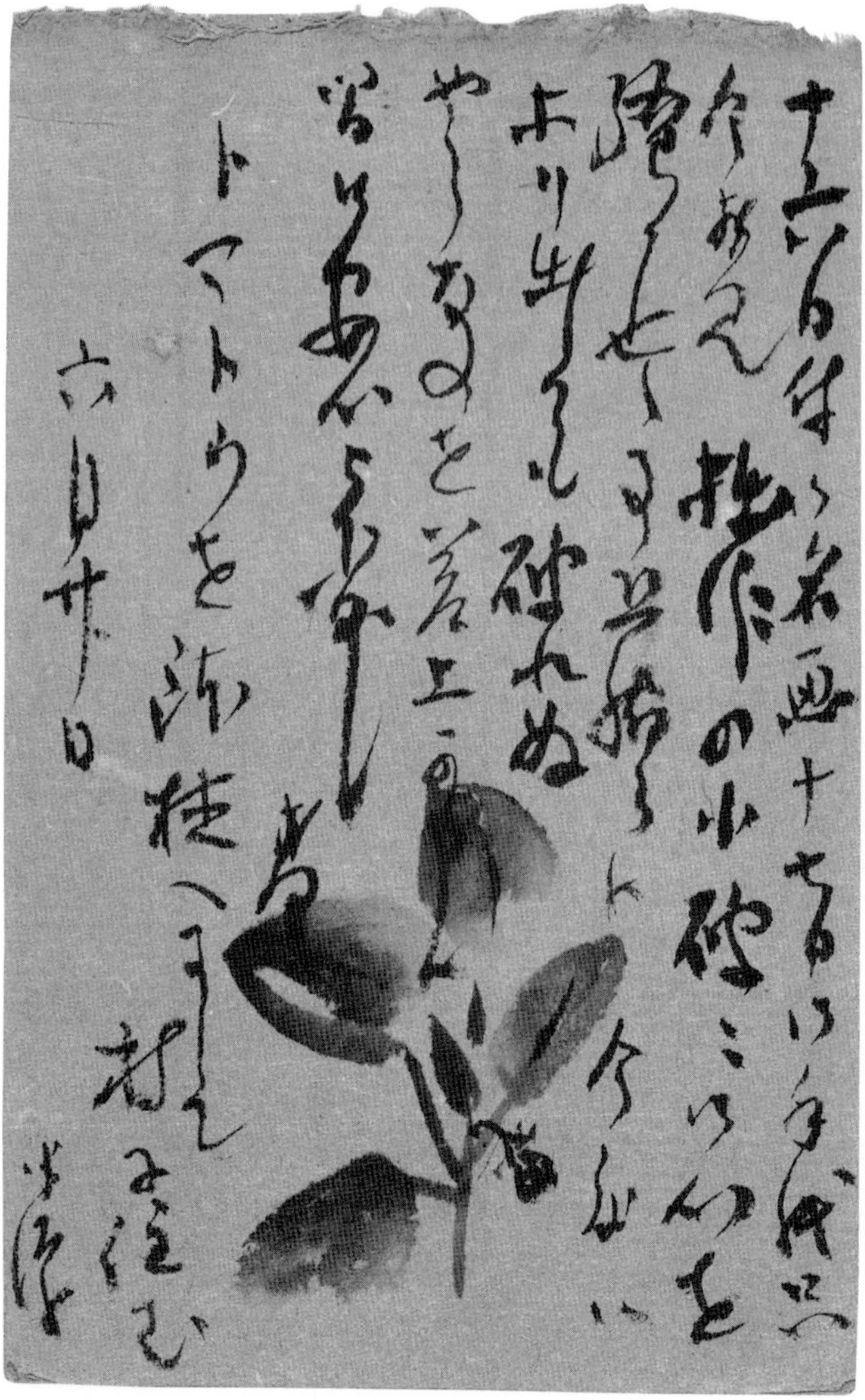

会津八一宛葉書　一九四七（昭和22）年（新潟市会津八一記念館蔵）

十六日付之名画　十七日御手紙只今拝見　拙作の小破に
御心を騒がせ候事　恐縮に候　今度はホリ出しても破れぬ
やうなのを差上可申候間　御安心被下度候　拝具
トマトウを鉢植へにして村に住む　六月廿日　半泥子

筆を持つ会津八一

会津八一（一八八一〜一九五六）は、歌人、美術史家、書家として知られる。東京における半泥子の展覧会を会津八一が見て、衝撃を受け、半泥子はまた会津八一の『南京新唱』や『鹿鳴集』、また孤高蒼古の書に心を奪われたのが交流の始まりであった。

東京で戦渦に遇い、蝙蝠傘と半泥子の茶碗だけを持って、故郷、新潟に引き上げた会津八一に対し、半泥子は茶碗とともに多くの書状を送った。新潟の会津八一記念館には半泥子の書状三十四通、はがき四十八通が残されている。

会津八一の六月十七日の書状には、送られた茶碗に小豆大の欠けがあり、残念であるという内容がしたためられている。これはその返事である。

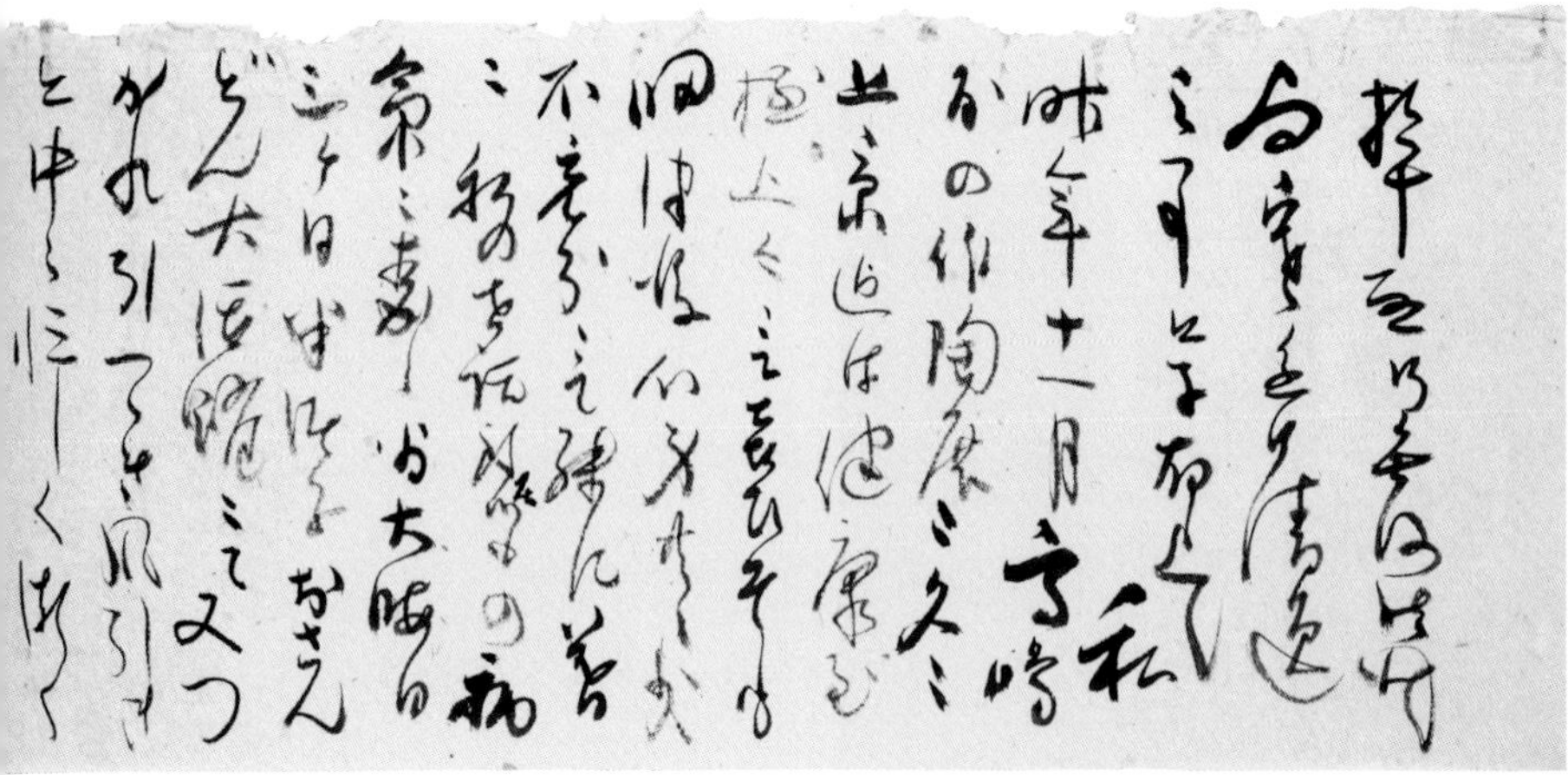

会津八一宛書状　一九四九（昭和24）年（新潟市会津八一記念館蔵）

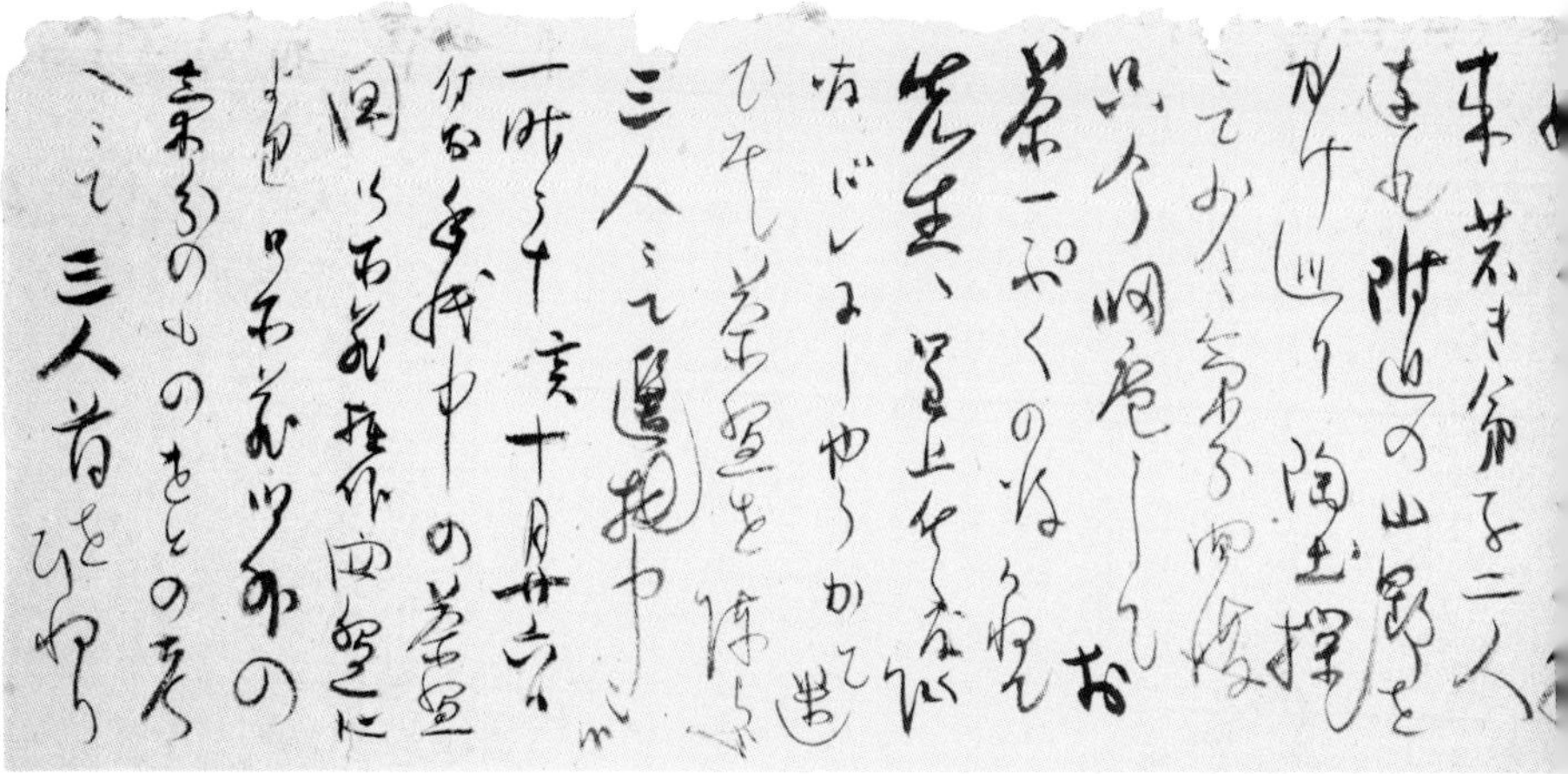

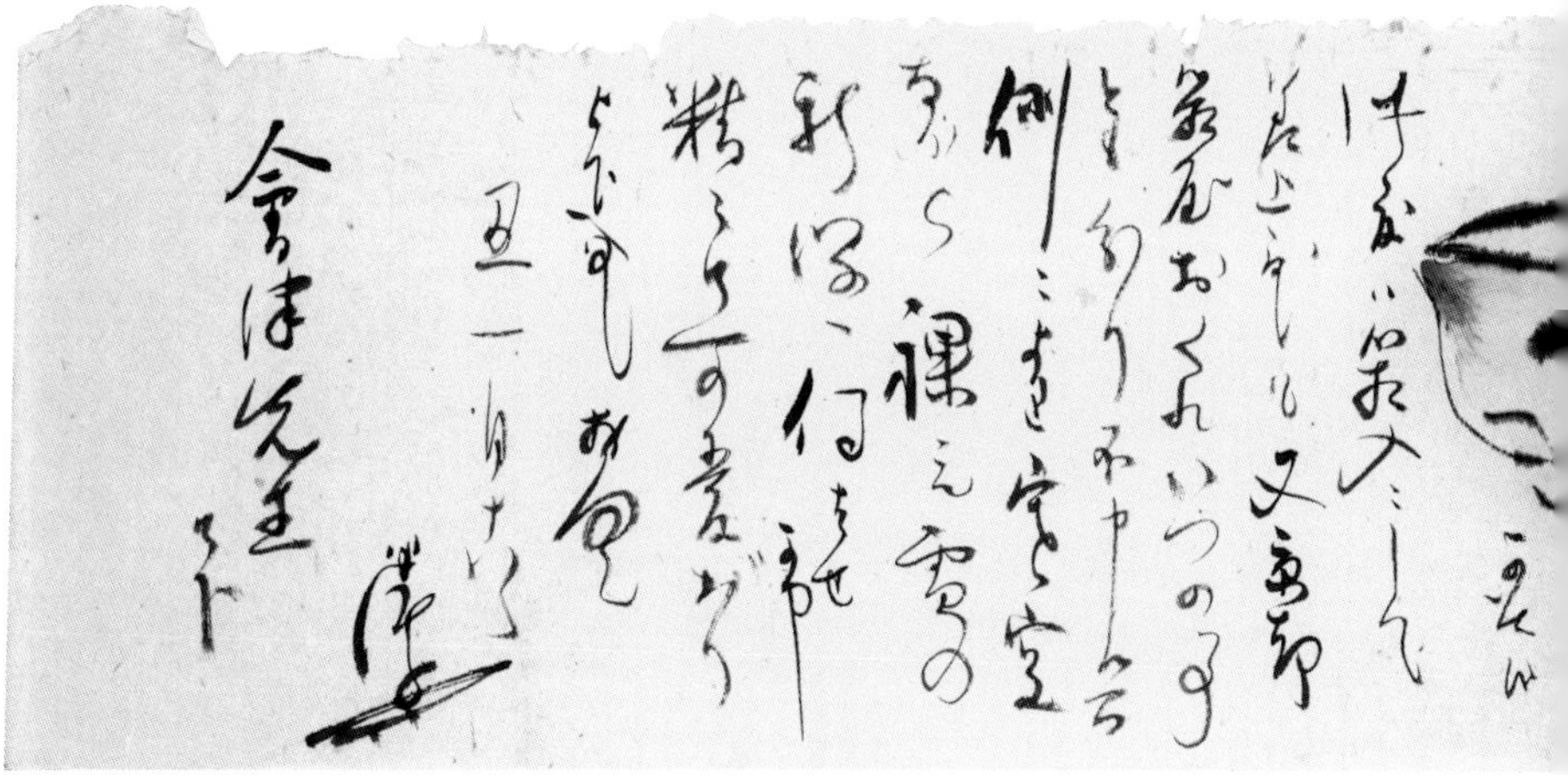

拝啓　御無沙汰仕候　向寒愈御清逸之事と奉存上候　私昨年十一月高嶋屋の作陶展に久々上京迄は健康至極上々にて喜び居候も　帰津後　心身共に少々不充分にて　殊に暮に私の世話致居候もの病気に相成候為　大晦日三ヶ日半泥子おさんどん大活躍にて又つかれ　引つゞき風引きと中々忙しく　漸く小康を得候も　気分勝れ不申候為　今朝来若き弟子二人連れ　附近の山野をかけ巡り陶土探しにて少々気分回復　只今帰庵してお茶一ぷくの後　かねて先生へ呈上仕度く乍存　ドレにしやうかと迷ひ居候　茶碗を陳らべ三人にて選托中に候　一昨年亥十月廿六日付御手紙中の茶碗図御所蔵拙作四碗により御所蔵以外の気分のものをとの考へにて　三人首をひねり会津先生への茶碗選托の光景に候　選托中　餅が焼けてチョット一ぷく致し　審査員中々忙しく星々呵々　只今決定仕候のち此のやうなもの　呈上可仕候　此度は　箱入にして　差上度候も　又京都箱屋おくれ　いつの事とも分り不申候間　例により寒空ながら裸にて雪の新潟へ伺はせ可申　精々御可愛がり被下度候
拝具　丑一月十八日　半泥子　会津先生几下

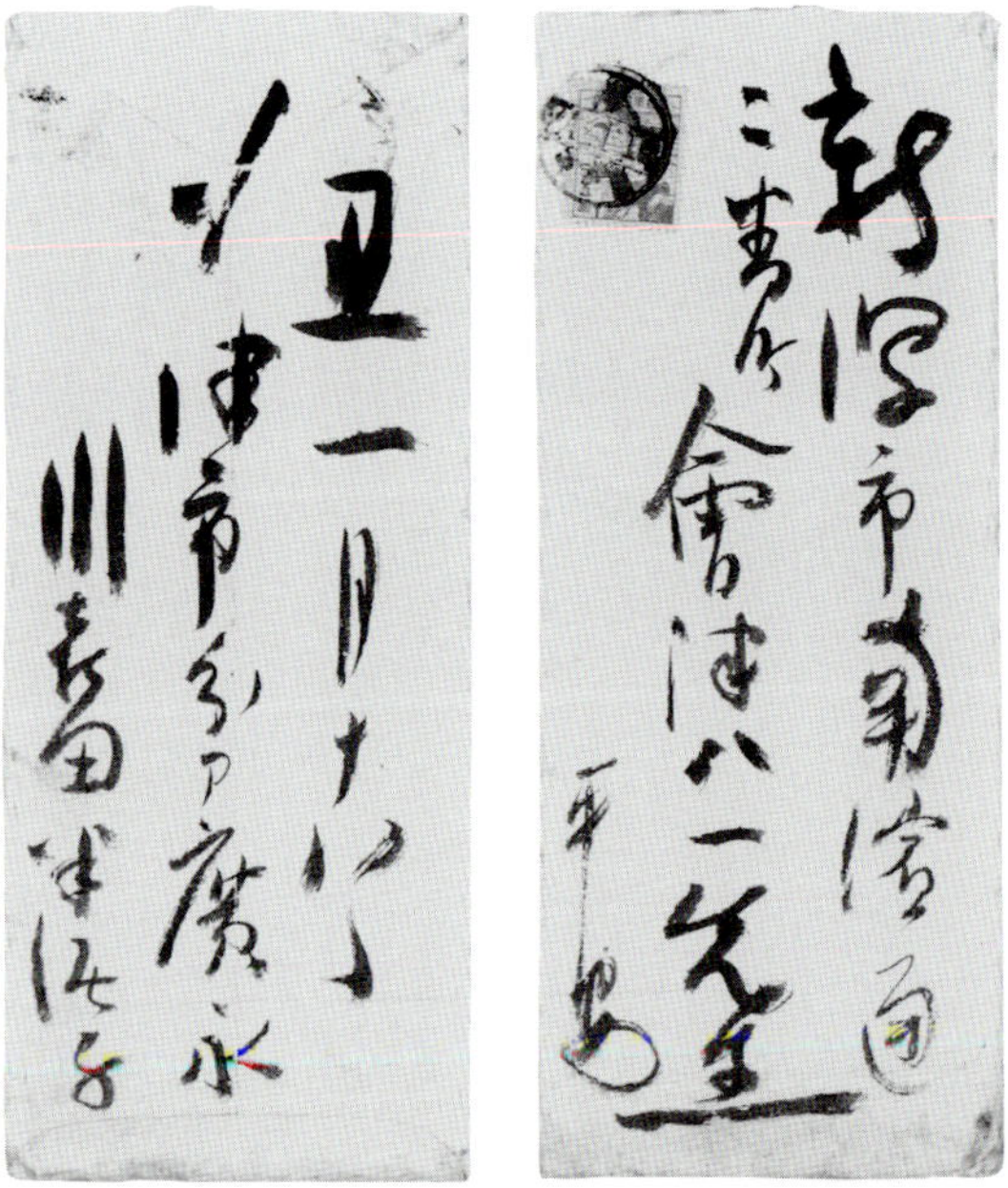

封筒表裏

書状部分

前の書状にある上の図は、二人の弟子・吉田耕三、坪島土平と半泥子が、会津八一に送る茶碗を選定している場面である。どれにしようかと、楽しそうに茶碗を囲んでいる。

吉田耕三が半泥子に弟子入りしたのは、一九四八（昭和23）年であった。月に一回、半泥子の機嫌のいいときに、自分の焼いた茶碗をくれるようになった。しかし、ただでくれるわけではなかった。台所にしまってある茶碗から、いくつかを持ってきて、「じゃんけんをして、勝った方からとれ」と言う。じゃんけんに勝っても、どれをとっていいか分からない。それでもとる。負けた方もとる。あとは片づけてしまう。それから「お前はどうしてこれをとったか」とたずねる。吉田と坪島とがそれぞれ答える。すると半泥子は言う。「ほんとうにいいのは、あれだよ。おまえたちはばかだな」。しまったと思うがあとのまつりである。それでも、一年もたつと、半泥子がいいと思うものが、二人とも分かるようになった。

この絵は、ちょうどそんな時期の様子を伝えている。

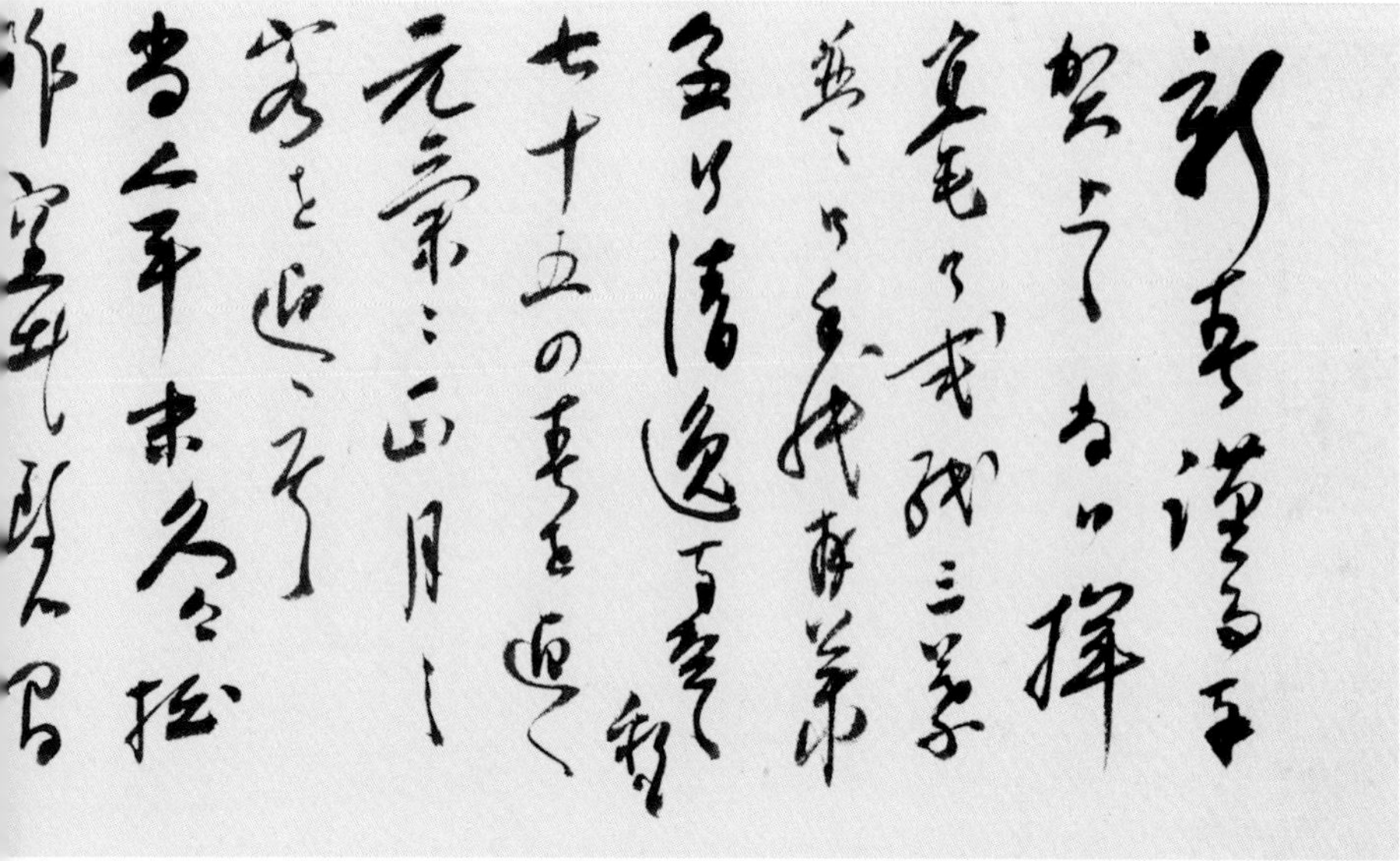

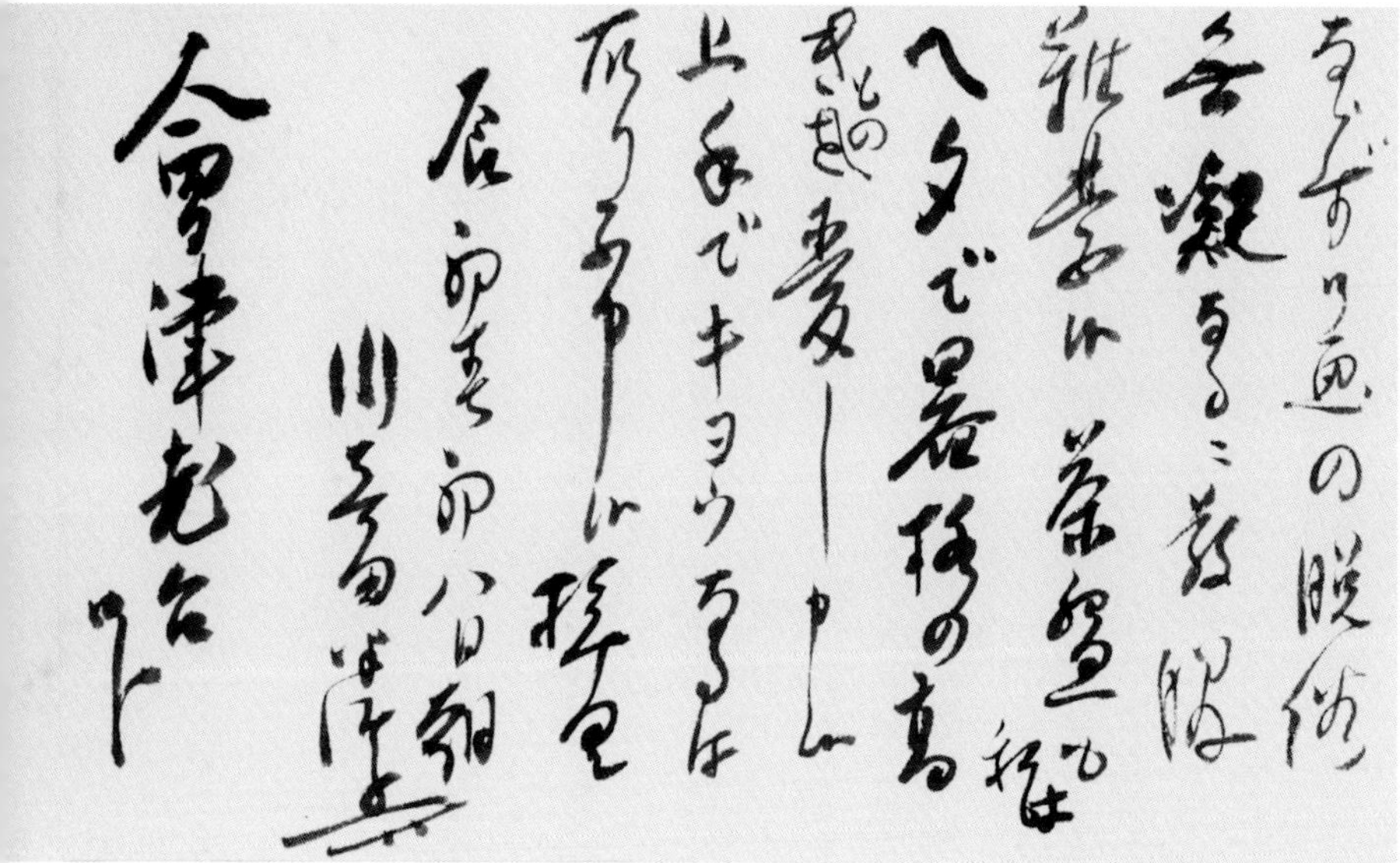

会津八一宛書状　一九五二（昭和27）年（新潟市会津八一記念館蔵）

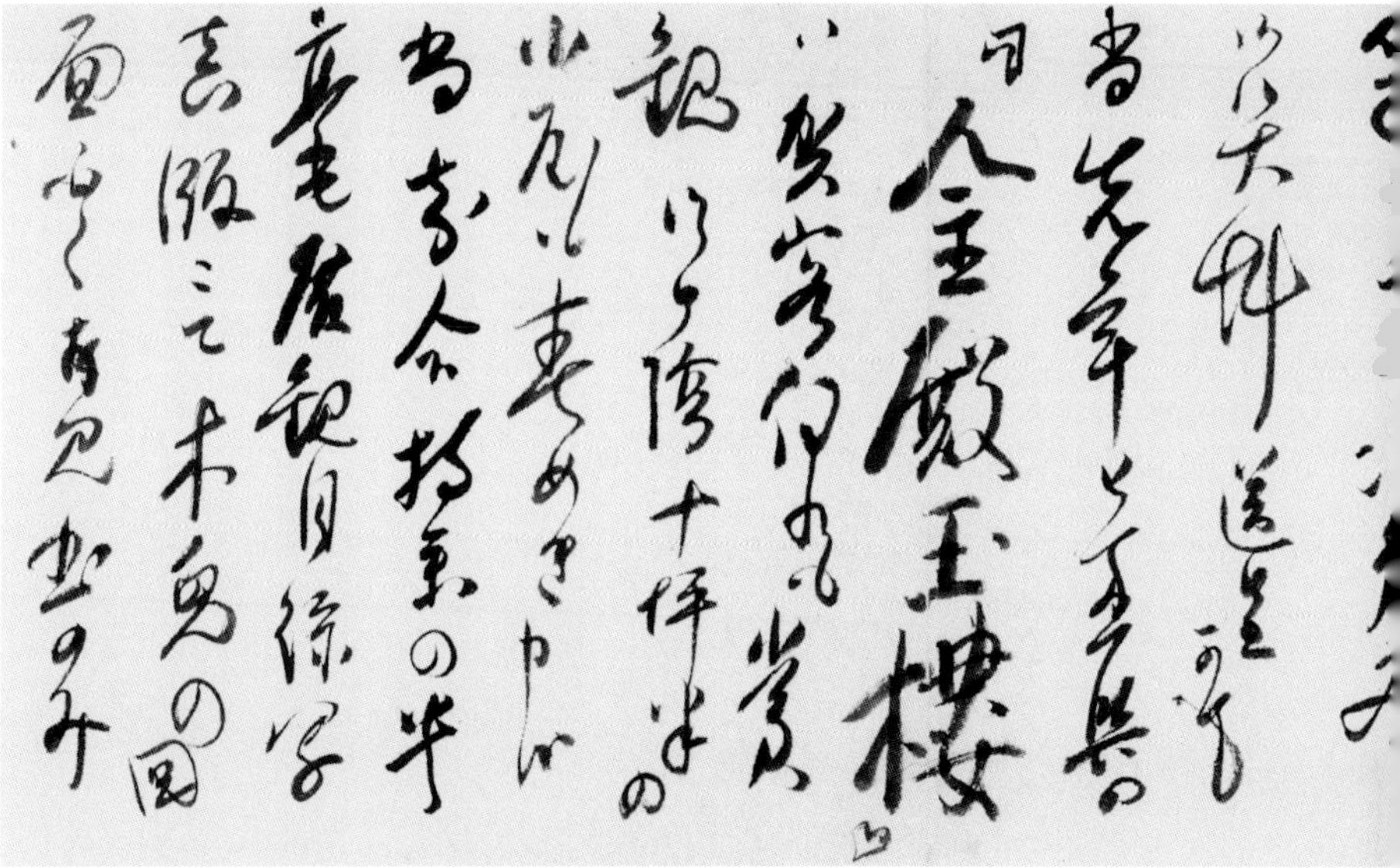

封筒表裏

新春謹而奉賀上候　尚御揮毫御式紙三葉　並に御手紙拝承　愈清逸奉賀候　私も七十五の春を迎へ　元気に正月之客を迎へ居候　尚年末久々拙作窯出し致候間　箱出来次第又々御笑艸送呈可仕候　尚先年御恵与の「金殿玉楼」は賀客何れも賞観以御蔭十坪半の小屋も春めき申候　尚知合が持参の貴毫展観目録写真版にて　木菟の図面白く拝見　書のみならず御画の脱俗無凝なるに敬服難学候　茶碗も私はヘタで　器格の高きものを愛し申候　上手でキヨウなるは取り不申候　拝具　辰初春初八日朝　川喜田半泥子
会津老台几下

会津八一書「金殿玉楼」一九四五（昭和20）年（石水博物館蔵）

戦後移り住んだ広永の十坪半の家に半泥子は、会津八一に書いてもらった「金殿玉楼」の額を掲げた。

会津から半泥子に宛てた書状は言う。「金殿玉楼をそのままかきても面白からざる故、窘殿極陋とせんかとも存じたるも、失礼にあたり候やうに相覚へ、如仰金殿玉楼と致し候。合格致し候はば御褒美として、尊作茶碗尚後一個賜はりたく願候」。おねだりしているところがほほえましい。

一九五一（昭和26）年に半泥子は、「木菟図」を所望している。この絵を会津は、廃紙を山のごとく積み上げ、五十六枚目にやっとなしえた、と手紙に書いている。

会津八一は、一九四五（昭和20）年早稲田大学教授を辞し、東京大空襲に罹災し、新潟に帰郷するが、養女のキイ子を失うなど、失意のうちにあった。しかしなお、文学活動をやめず、『南京新唱』、『鹿鳴集』などの歌集を発行、孤高蒼古の詩境を拓いた。

金殿玉楼　秋艸道人

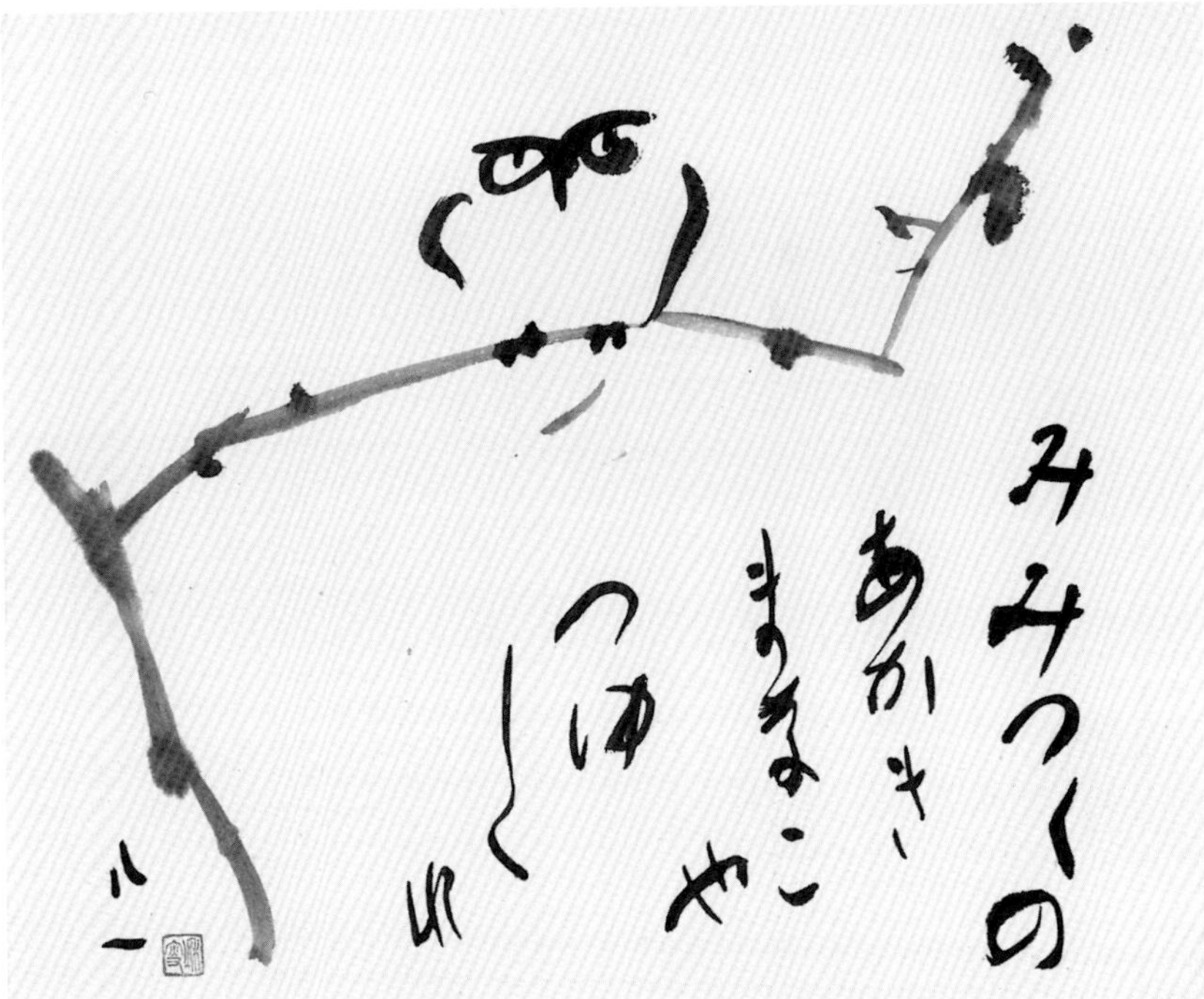

会津八一「木菟図」（石水博物館蔵）

みみづくのあかきまなこやつゆしぐれ　八一

刻字壺形水指　一九五〇（昭和25）年

碧揚羽

窯場に火なきときにして

戦争中、病気療養のため四日市の海岸にいた山口誓子のために、半泥子は鈴鹿の千代崎海岸にあった土橋嘉平治の別荘を紹介した。その誓子が戦後、広永にやってきた。誓子ときに四十八歳。

右の俳句は、誓子自ら器に刻した。誓子はそのとき、他にもいくつかの俳句を作った。その一部。

夏山に入来てわれの髪黒し

栗の花青年はみな髪黒し

その前年、半泥子は千歳山から広永へと登り窯を移し、この年四月、初窯を焚いた。坪島土平たち若き弟子が入門していた。誓子もまた若返った。

半泥子は国内外のさまざまの地の土を集め、それぞれの土の味を楽しんだ。広永陶苑近くの土も使った。「そこらの土も茶碗」になった。

左の絵。洋蘭ではない。一本の花茎にただ一花をつける、春蘭、寒蘭、敦盛草などの東洋蘭の類いである。森にひっそりと咲く。その蘭を持ってきて、冬ごもりの友とした。

蘭花図「一茎の」　一茎の蘭に親しみ冬ごもる　半泥子

田山方南宛書状　一九四九（昭和24）年

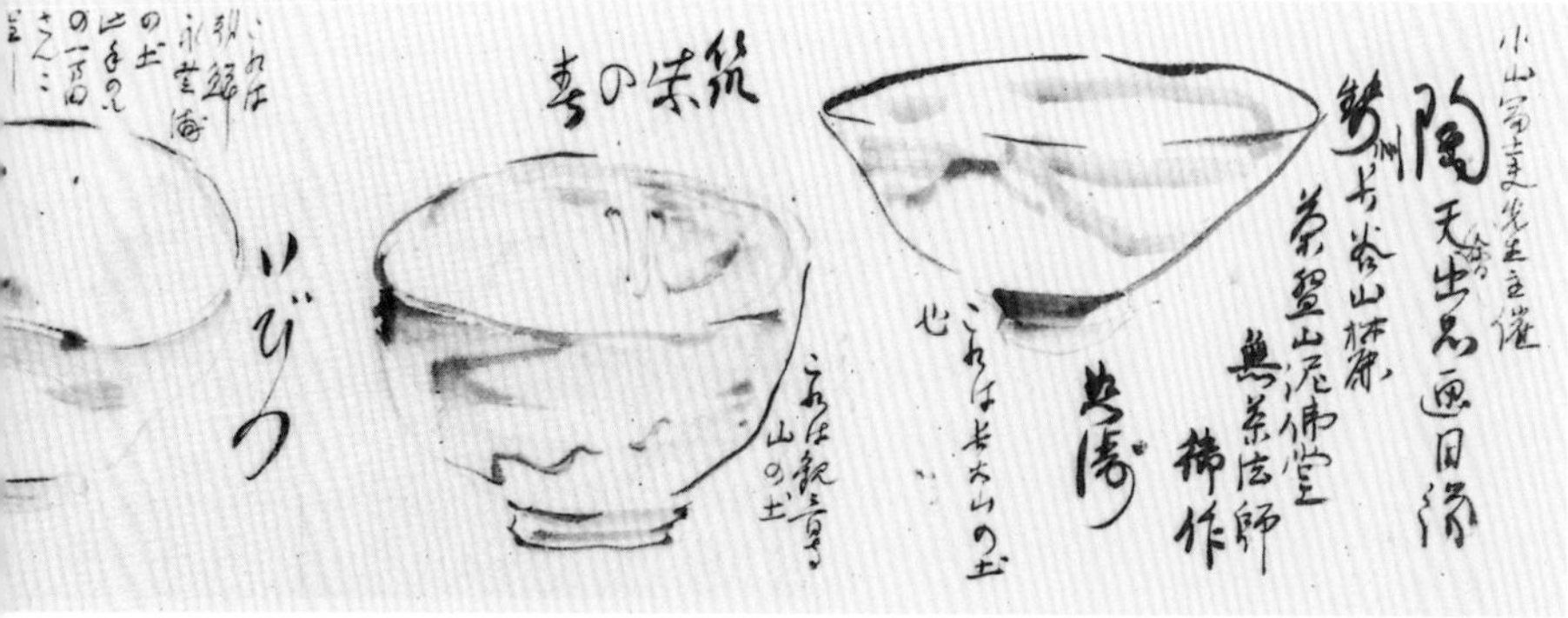

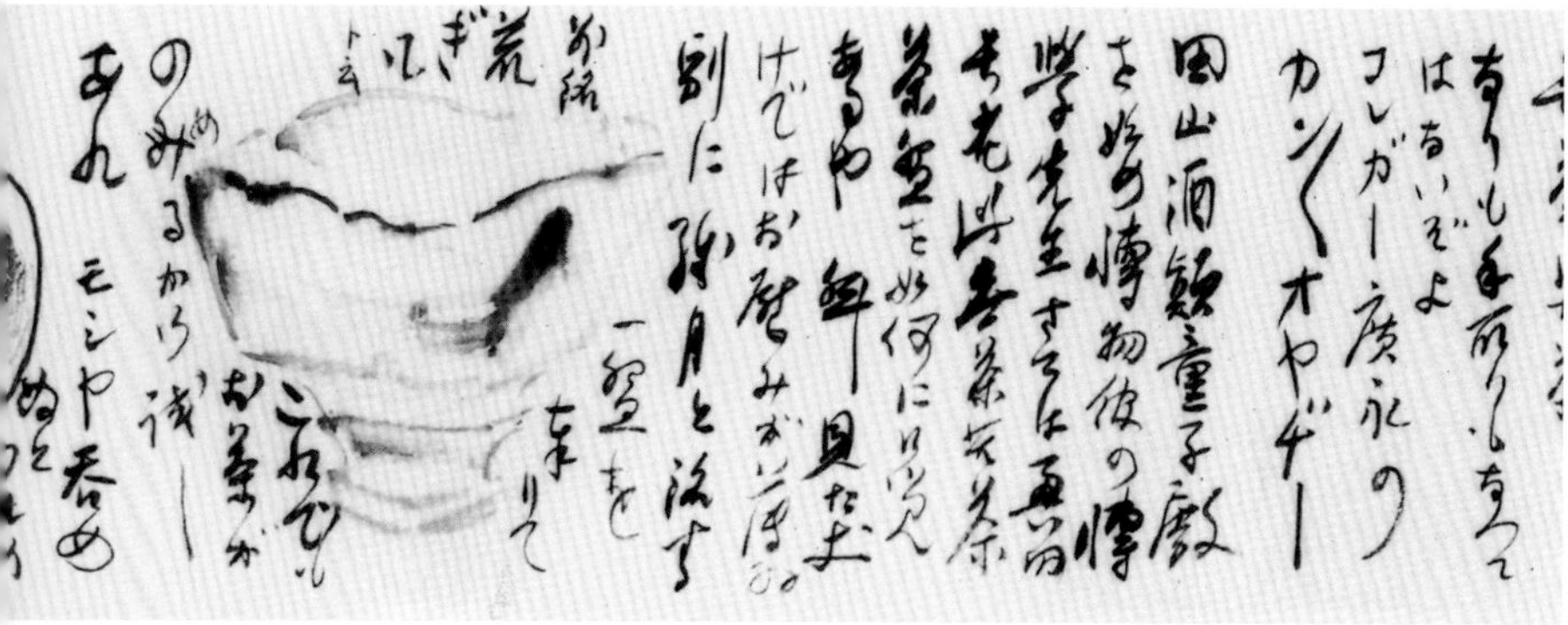

小山冨士夫先生主催
陶天会出品目録　勢州長谷山麓
茶碗山泥仏堂　無茶法師御作
怒濤　これは長谷山の土也
筑紫の春　これは観音寺山の土
いびつ　これは朝鮮永登浦の土　此
手のもの一万田さんに呈し　お礼に
清元の三味線を頂く　但し半泥子は
まだひけません

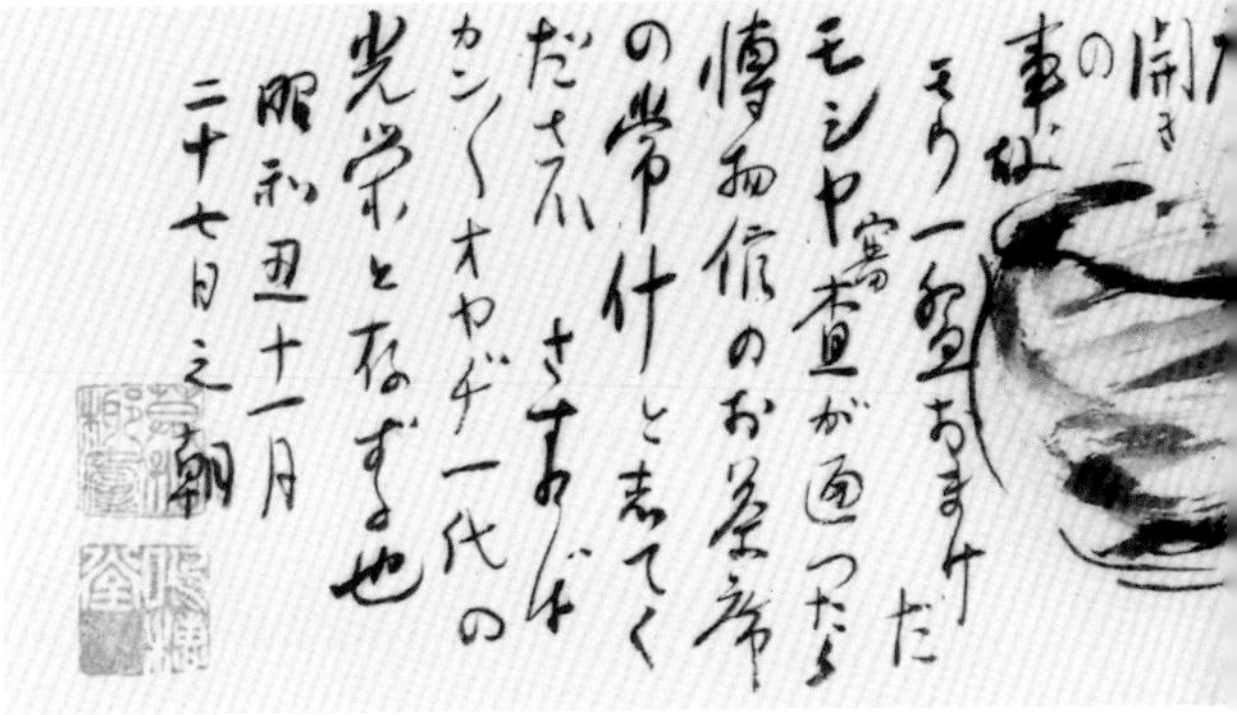

大吹雪　長谷山の土で試作　此釉は半泥子初めて試用のもの　釉名目下考へ中

割高台　浮寝鳥ト云　利休百会に不用候　この土は朝鮮全南鶴橋面　お寺の土　釉は前同様　部田野六郎カン〳〵オーヤーヂー　年はとっても心はワーカーイー　ろくろ廻わせば天下の無茶苦茶　なりも手取りもなってはないぞよ　コレガー広永のカン〳〵オヤヂー

田山酒顚童子殿を始め博物館の博学先生さては奥田長老此無茶苦茶茶碗を如何に御覧あるや　然し見た丈けではお慰みが薄ゐ　別に残月と銘する一碗を奉りて

別銘　荒ぎもト云　これでもお茶がのめるか御試しあれ　モシヤ呑めぬとワルイカラ　本日は店開きの事故モウ一碗おまけだ　モシヤ審査が通ったら博物館のお茶席の常什としてください　さすればカン〳〵オヤジ一代の光栄と存ずる也

昭和丑十一月二十七日之朝

大侘び茶碗　銘「大吹雪」一九四九（昭和24）年

半泥子と土平

148〜149ページの書状。あて先の田山方南（一九〇三〜一九八〇）は、墨跡研究の第一人者として、国宝、重文指定に長年携わった。若き日、小山冨士夫に伴われ、初めて半泥子を訪ねたとき、いきなり「お国はどこです？」と聞かれた。「お隣の伊賀です」と答えたら、半泥子は「伊賀は人は悪いが、土はええなあ」と言って笑った。方南、たちまち半泥子に心酔することになる。

文中の「一万田さん」とは戦後、日銀総裁の職にあり、「法皇」と称せられた一万田尚登（いちまだひさと）（一八九三〜一九八四）。

また「カンカン親父」は、当時の流行歌「銀座カンカン娘」をもじって、坪島土平たちが作り歌っていたもの。「部田野六郎」は「下手のロクロ」、半泥子の別号であった。

手紙の最後に、バナナの叩き売り宜しく、茶碗を押し付けているのもおもしろい。

右ページの茶碗は、長谷山の土で作った。長石釉を掛けたが、荒土に吸収され、指掻きのあとが、泥にまみれた雪道のごとく、まさに「大侘び」の景色となった。

短冊（石水博物館蔵）

らさ顔の地花おはせう夏山路

空地の月うちくる物洗ふ

朝空母瑚瑰よお吾をきゝみう

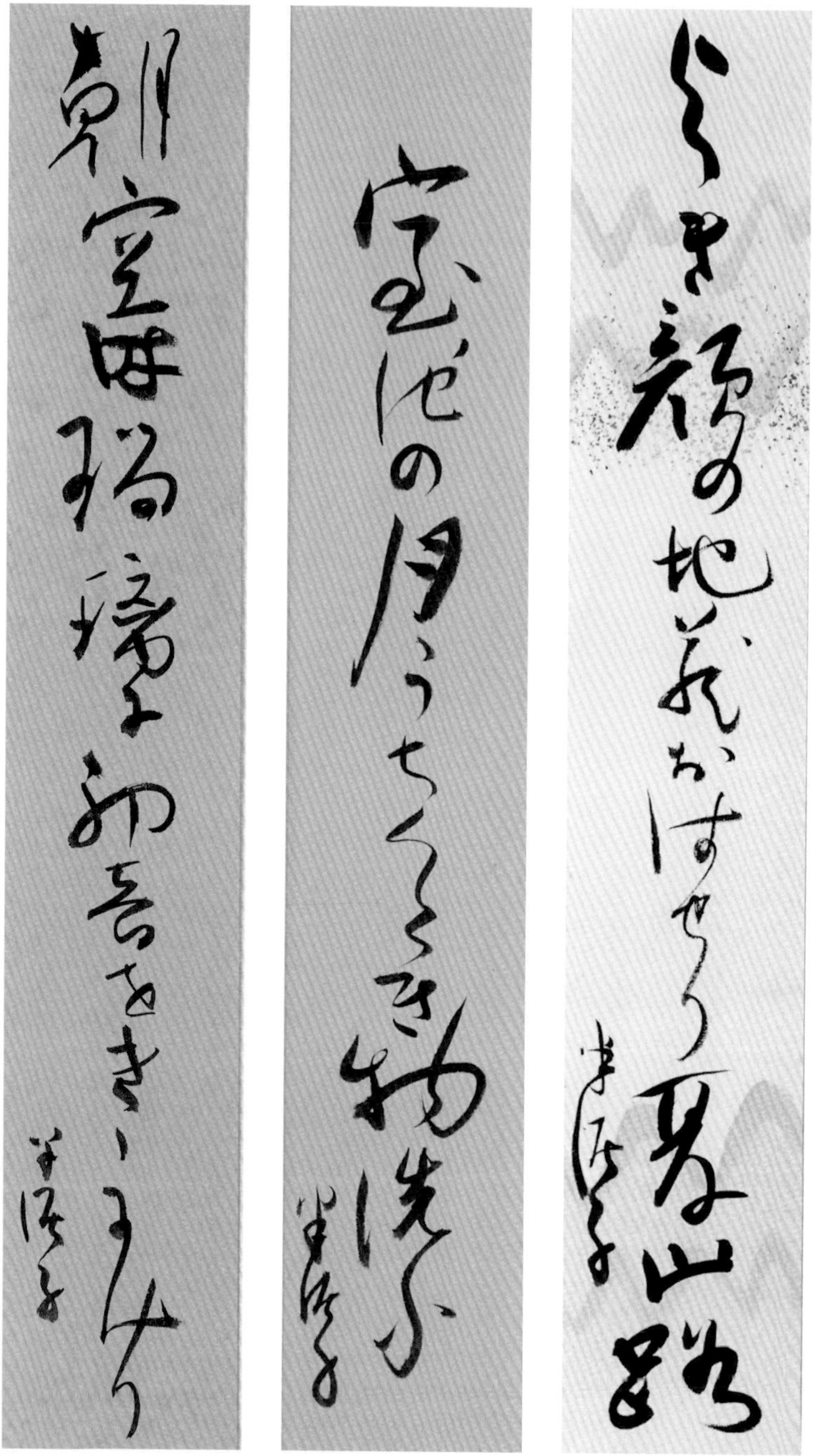

箱書をする半泥子

よき顔の地蔵おはせり夏山路　半泥子
室池の月うちくだき物洗ふ　半泥子
朝空は瑠璃に初音をき丶にけり　半泥子

半泥子は風刺や洒落をこめた狂歌を好んで作った。同様の都々逸も作っている。しかし俳句はどれもマジメである。右の三句もそうである。俳句の形式（五・七・五音）を使って川柳を作ることもできるが、半泥子はそれもしなかった。それには、俳句の師匠・梶島一藻の見えざる牽制があったかもしれない。

ハッとさせられる句がある。

稲こきの若者天にわらを打つ
陽炎や砂のうねりに腰おろす

前者は農に携わる青年の激しい意欲。わらを打つは、収穫の秋。半泥子もまた、青年のように若い。

後者は悠々たる大地の一角に坐る人々。そのうねりは天にまで続くようである。

志野茶碗　銘「赤不動」広永窯　一九四九（昭和24）年（東京国立近代美術館蔵）

飲み口は厚く、その下で少しくびれた後、豊かに膨れながら下降する。あるかなきかの高台。全体にわずかに傾いている。その微妙なゆがみがほのかなやさしさを感じさせる。

この茶碗「赤不動」は、素焼きをしないで釉を掛けた。登り窯を焚く時間が迫っており、暇がなかったからである。古志野は素焼きをしないで、長石単味の釉薬を生がけした。あるいはそのことを思い出したのかもしれない。内側に厚くかけたため、釉が乾くにしたがって器体に亀裂を生じた。焼いた後、大きな亀裂には金泥を施した。

半泥子の許で修行していた吉田耕三が、後年、東京国立近代美術館の学芸員となり、一九七七(昭和52)年、同美術館の工芸館ができるにあたり、「赤不動」のことを思い出し、請うて同館におさめてもらった。

同箱書　しの　自作　愛用　赤不動ト云　半泥子

瓢箪図「うかうかと」一九五〇（昭和25）年

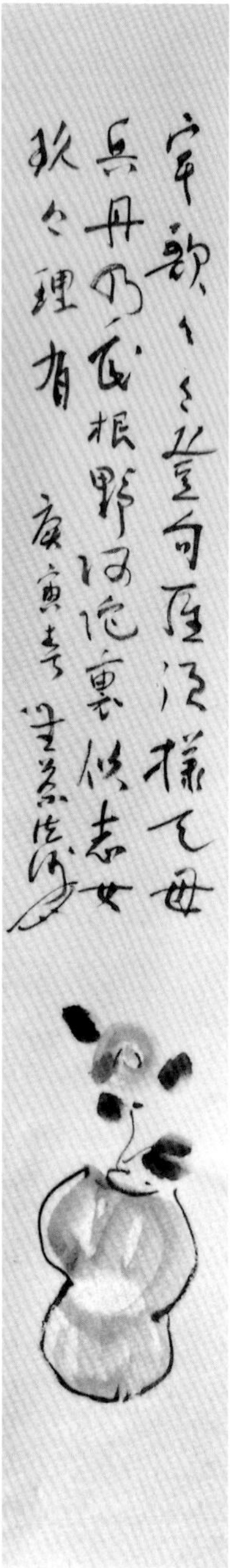

うかうかとくらす様でも　兵丹のむねのあたりにしめ　くゝりあり
庚寅春　無茶法師

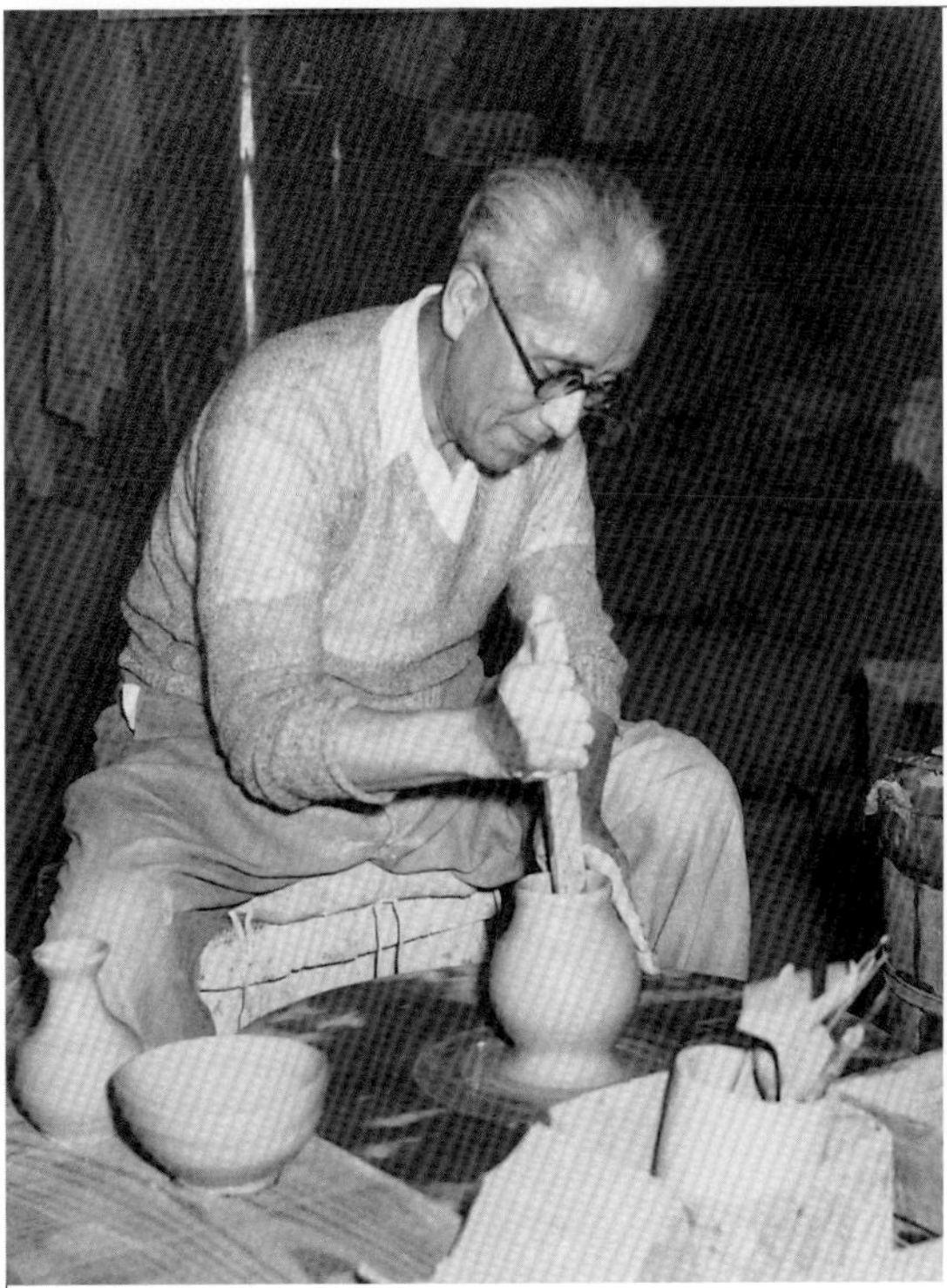

制作中の半泥子

「うかうかと」は一九五〇（昭和25）年、半泥子七十二歳の作。自作の狂歌を珍しく万葉仮名で書いている。

日常生活においても、事務においても締めくくりは必要である。今も、必要な締めくくりを欠いたために大きな事故をもたらす金融機関、製造業、公共機関が少なくない。

茶碗づくりにおいてもそうである。轆轤の止まる一瞬の気迫が、指を通じて器体の口辺に微妙な変化を与える。半泥子の茶碗は、ひとつ間違えばどうにもならない愚作になる。そこをぐんとふんばることによって、個性に富んだ秀作になる。

赤絵秋草文広口水指　一九五〇（昭和25）年

自画像「秋風の」

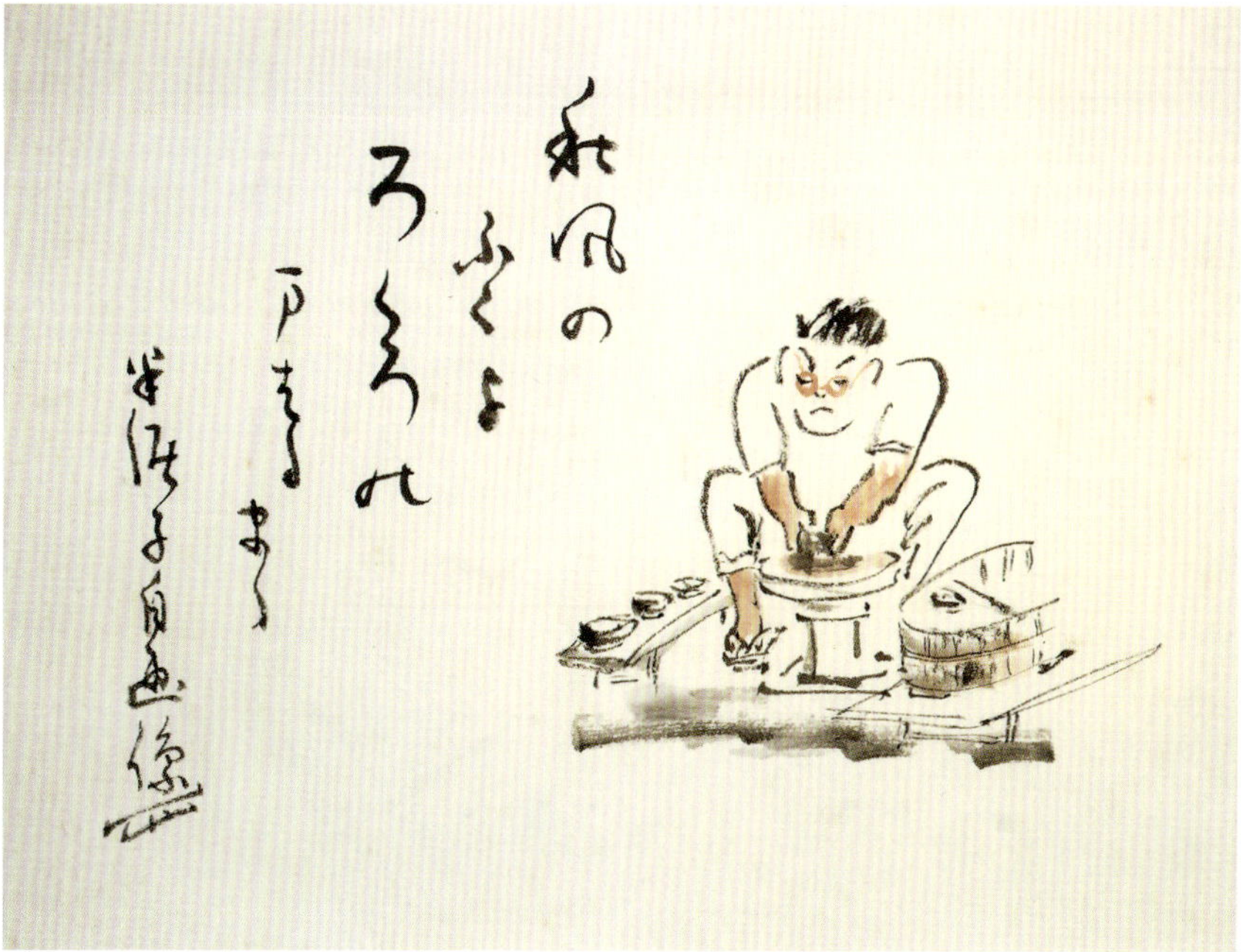

秋風のふくよろくろのまはるまゝ　半泥子自画像

茶碗には、一部具象画も描かれたが、大部分は非具象の、茶道で「景色」と呼ばれる、窯の中で起こる不測の変化を楽しんだ。だが、茶碗以外の陶器には、具象画を描き、また字を書くこともあった。

広口のこの水指は、赤絵の発色が美しい。それでいて、下方の釉切れの線が斜めに走り、釉垂れもある。やさしい撫子と荒々しい大地と。

上は、半泥子の自画像。この句、のちに「秋風やおれはろくろのまはるまま」となる。

ある評論家が言った。「半泥子は、自分の魂をろくろに載せて遊んでいる」と。

廻っているのは茶碗か半泥子の魂か。

自画像「冴えかへる」

冴え
かへる
ろくろの
土のひき
のこり
半泥子　自画像に

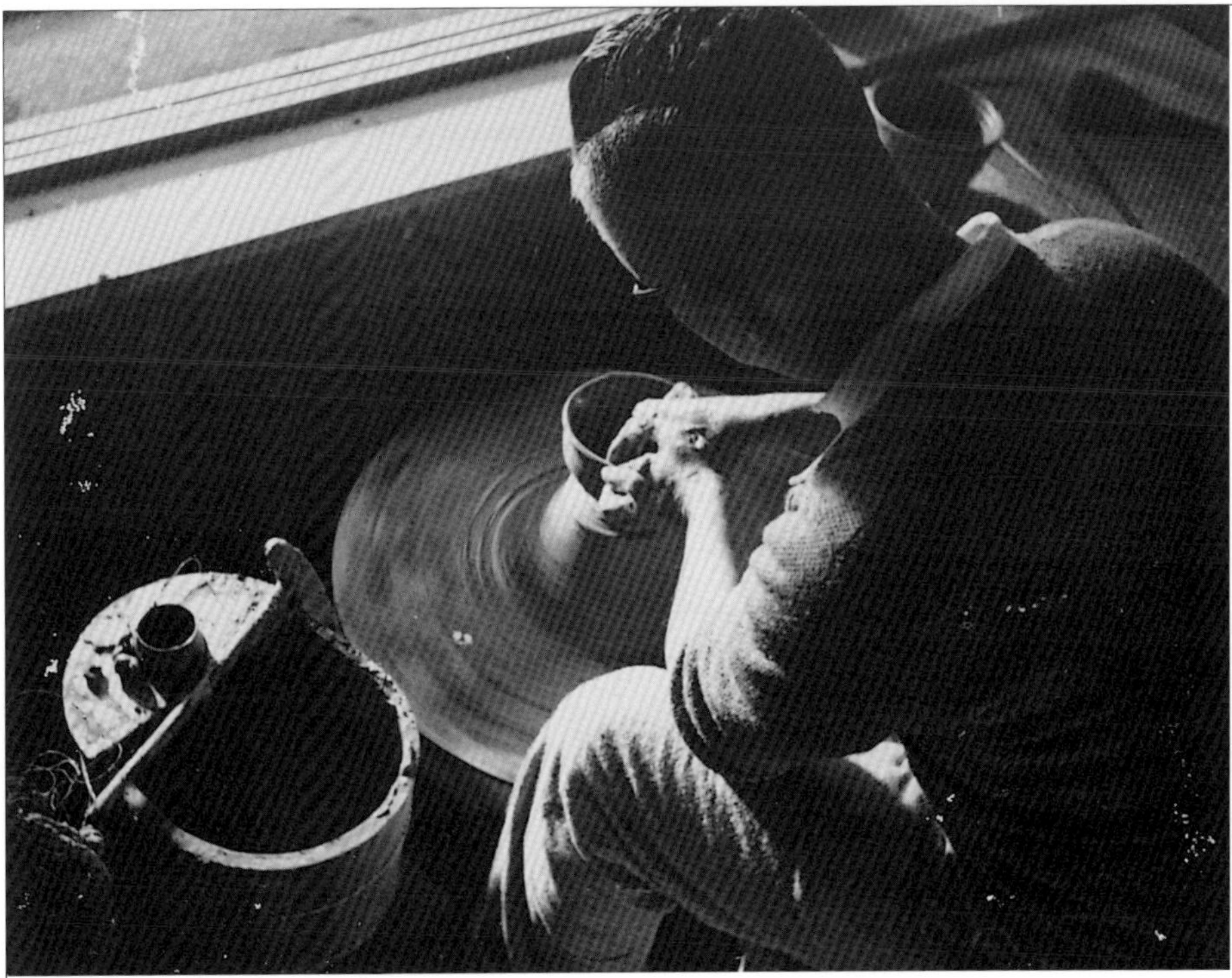

轆轤を引く半泥子

銀行から帰ると半泥子は、夕食もそこそこに、ひとり泥仏堂にこもった。

泥仏堂の轆轤場には、昨夕の引き残りの土が待っている。それを揉み直す。そしてまた、新しい土を取り出して揉む。

後年、窯を広永に移してからは、弟子を養成した。半泥子の衣鉢を継いで、いま広永陶苑を守る坪島土平が「土はどれだけ揉めばいいのですか」と尋ねると、「土がもういいというまで揉め」と半泥子は言った。

早春とはいえ、「冴えかえる」寒さである。その土を轆轤に乗せて円錐形に形を整えて、轆轤を廻す。そのとき、水を土にかけて指との接触をなめらかにする。冷たいなどと言ってはおれない。半泥子の指には、指紋がなかった、とその娘さん方に聞いた。

左の図にも上の写真にも、轆轤の左側に水桶が置いてあるのが見える。

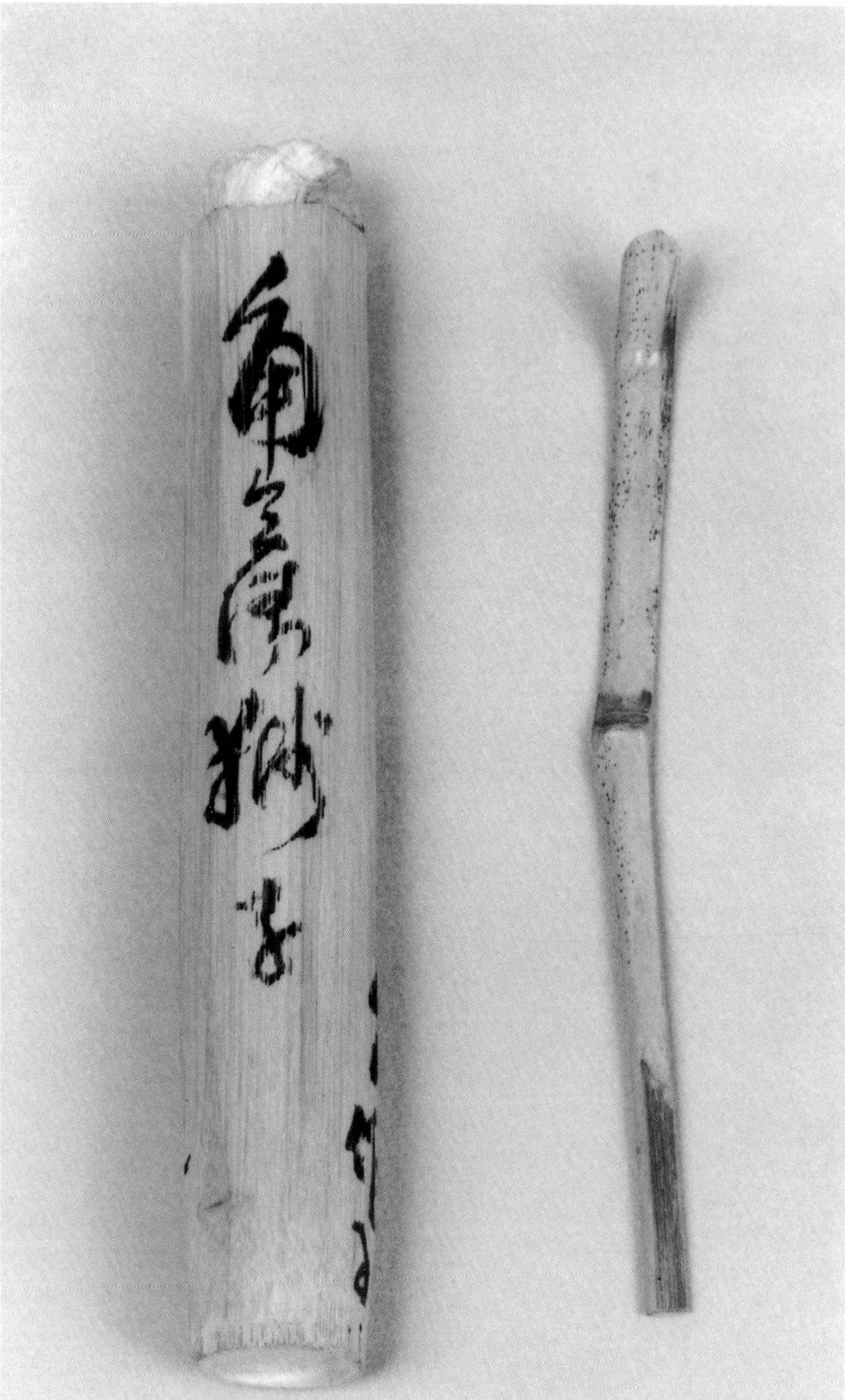

茶杓銘「角兵衛獅子」一九五一（昭和26）年

窯場の半泥子

日本には竹が多い。千歳山にもある。窯の火を見ながら、半泥子はよく茶杓を作った。轆轤引きが一段落付いたときも茶杓を削った。窯詰めをし、火入れをする。みずから割木をくべ、窯の前で食事をし、窯から出る煙の色を見ながら、竹の花入を作り茶杓を削った。茶を点てて夜を徹することもあった。千三百度の焔にすべてを委ね、「窯の神様」の思し召しの通り、どうぞご勝手にと開き直る。

半泥子は、茶杓を入れる筒や、それを納める箱にも揮毫した。俳句を認めることも多かった。

この茶杓は曲がっているので、棗に乗せると一転する。ゆえに「角兵衛獅子」という。

ほかにも、竹の中ほどが割れたごとくなっている「たきつ瀬」、手元部分の右側が欠けた「ねむり鶴」など、左右不均衡のものも多い。「たきつ瀬」は「百人一首」にある「われても末にあはむとぞ思ふ」（崇徳院）からとったもの。「ねむり鶴」は、片足を立てて眠る鶴の姿から。

広永陶苑風景

V
慶世羅世羅

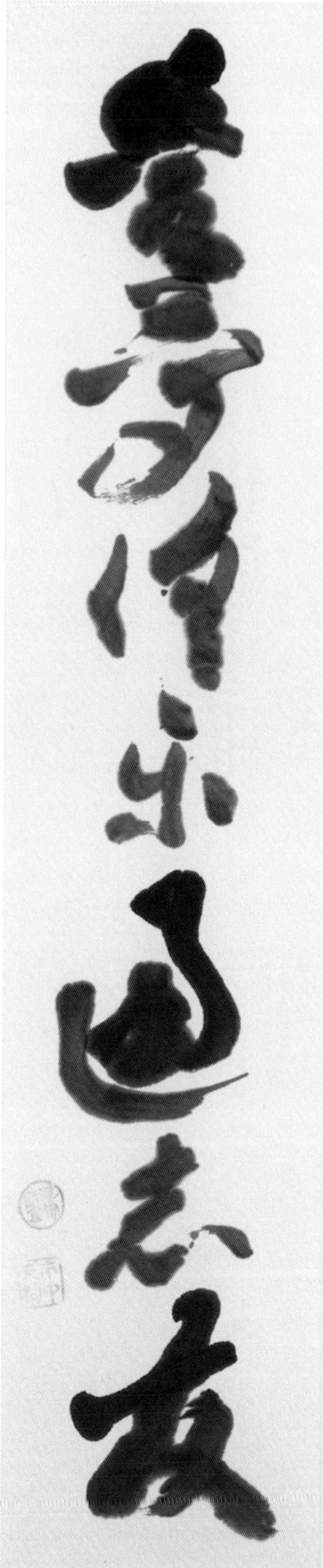

書「愛夢倶楽通志友」

天ぷらを揚げる半泥子

右の書、「I'm glad to see you.」と読む。「お目にかかれて嬉しい」。ここにも半泥子の遊び心を見る。

芸術とは本来遊びである。権勢に媚びるための手段でも、生活の糧を得るための手段でもあるべきではない。

光悦の茶碗も、良寛の書も、雪舟の画も徹底した遊びであった。それだからこそ、純粋な美しさがあった。

左の写真は、天ぷらを揚げる半泥子。東京銀座の天ぷら屋「天一」の主人、矢吹勇雄（一九〇九〜一九九六）とは、矢吹の使う器が気に入り、「天つゆ」の器を作って呈上して以来の間柄である。

その「天一」の弟子だと言って、中京地区の名士を招き、みずから天ぷらを揚げてふるまった。海老や魚はよかったが、椎茸になるとみんな変な顔をしている。乾燥椎茸を水で戻すことを知らなかったのである。

窯焚図「寒月下」

寒月下
火を吐く
かまと
夜を
徹す

火入れをする半泥子

冬の窯焚き図。窯のなかは千二百度を超す灼熱の世界。だが、外は寒い。その寒さに耐えながら、三日も四日も夜を徹する。窯の火色を見ながら、絶えず薪を放り込まねばならない。相当の重労働である。広永時代はもちろん、千歳山時代でも、弟子たちと交代してもらっては寝についたが、ひとりで窯を見守る時間も多い。

　左の写真は、窯に火を入れる半泥子。窯には注連縄が張られ、神酒が供えられている。神に祈り、窯に火を入れる、荘厳な一瞬である。

　半泥子は、各地の窯を訪れ、焼いている。ついには日本の窯の元祖である朝鮮の窯を訪れ、一窯焼くという、ほかの誰もがしなかったことをした。一九三七（昭和12）年、全羅南道望雲（まうん）半島の荷苗里（はびょり）。廃窯を修復し、付近の土で茶碗を作り、一窯焼いた。

　手伝ってくれた白衣の男たちの姿が、朝日に映えて神々しかった、と半泥子は書いている。窯焚きには、そのような神秘なものがあった。

薄釉茶碗　銘「都わすれ」広永窯　一九五六（昭和31）年の数年前

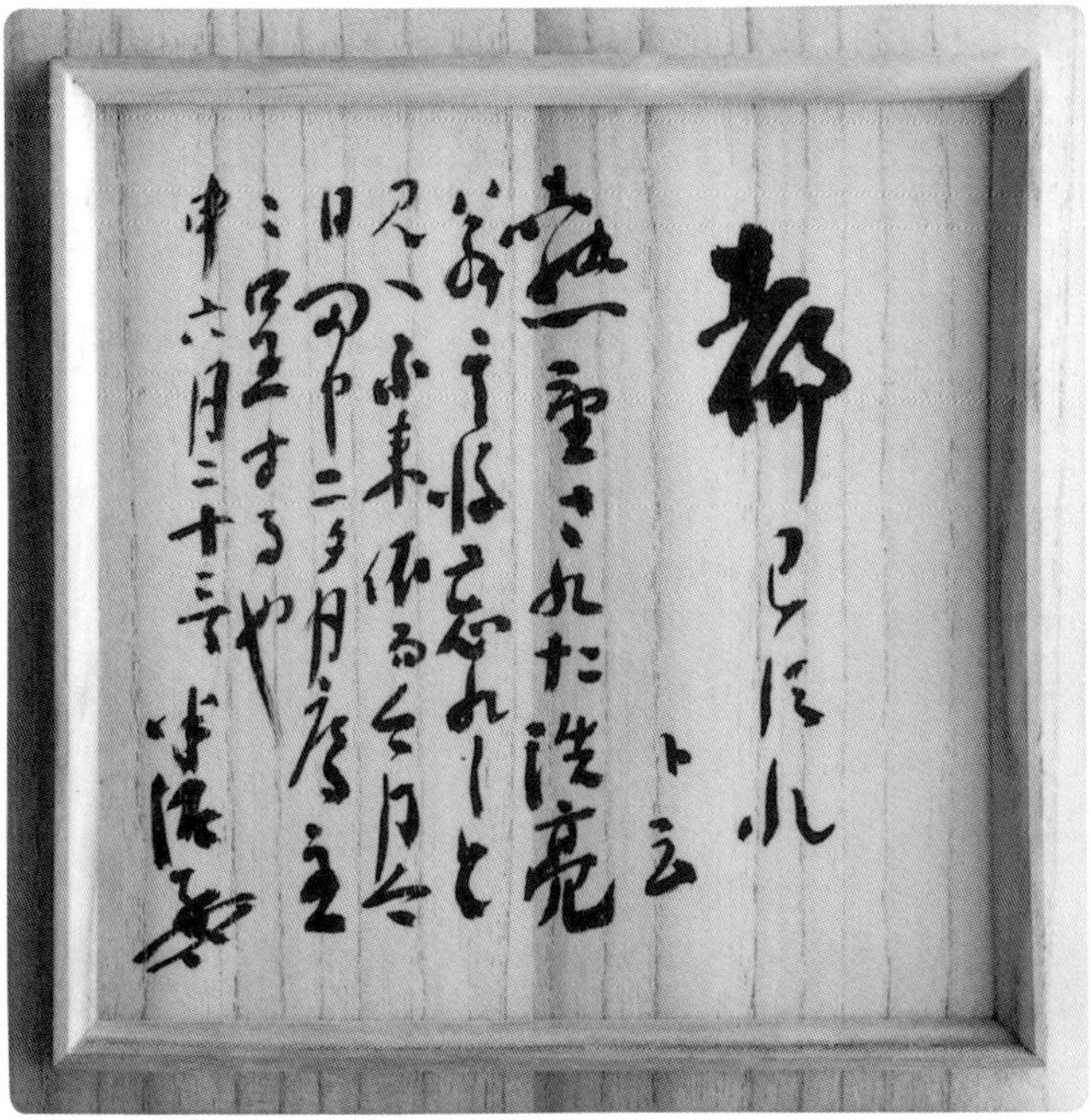

同箱書

都わすれト云　熱望された浩亮翁其後忘れしと見へ
不来　依而今月今日　田中二夕月庵主に呈する也
申六月二十三日　半泥子

右の茶碗、厚作りで、ゆったりとして風格がある。志野調の薄釉、オタマジャクシのごとき陰刻がある。

筑紫京都郡（みやこ）の人が切望し、後日取りにくる、と言ったまま、何年たっても取りに来ない。ゆえに「都わすれ」と名付け、別の風流人に与えた。

半泥子の茶碗にはさまざまな形のものがあるが、これらは適当に作っているわけではなかった。半泥子は、よく反古紙を使って、作りたい茶碗の形の素描をした。その形を念頭に置いて轆轤を廻した。

だが、土によってその立ち上がり方は一様ではない。円滑に伸びない土、抵抗する土もある。土の持つそれぞれの個性と半泥子の計画とが衝突する。その土をなだめつつ、一方で妥協もする。釉掛け、焼成のときも同様。意図と偶然とのぶつかり合いによる昇華。

書「一日清閑一日福」一九五三（昭和28）年

泥仏堂の半泥子

半泥子は戦後、千歳山の邸宅を進駐軍に取り上げられ、その近くに新たに邸宅を構えたが、喧噪に耐えかねて、郊外の広永に十坪半、二間の家を建てて住んだ。そこに、会津八一に書いてもらった「金殿玉楼」の額を掲げた（144ページ）。

この「金殿玉楼」で、半泥子は近所の百姓を集め、茶を楽しんだ。テニス用のシャツとズボンの姿でお茶をたて、あられを掴んで口に放り込み、あぐらで片手飲み、「お茶はこうして飲めばええのや」と言って模範を示した。

茶については「台子茶」まで会得していた半泥子がである。利休の歌と伝えられる「茶の湯とはただ湯を沸かし茶を点てて飲むばかりなることを知るべし」、これをもっともよく理解していた茶人は、半泥子であったのかもしれない。

右の作品は、中国明代の文人画家、沈周の詩の一節を書いたのであろう。一日心静かなれば、一日幸せ、と言う意。

左は、泥仏堂でひとり「轆轤」を廻す半泥子。

ぽちゃくいふのは　たらぬから　半泥子

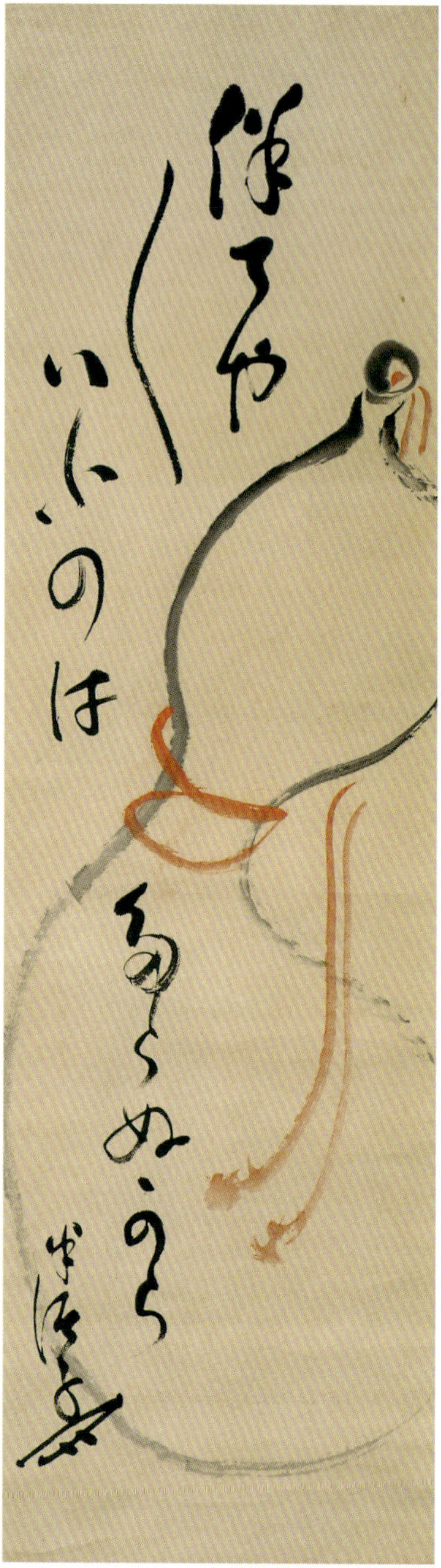

瓢箪図「ぽちゃぽちゃ」

酒を酌み交わす半泥子

「足らぬ」というのは、必ずしも水や酒のことではない。心に満ちるもののないものは、ただポチャポチャポチャ言うのみ。ここにも禅の世界が広がっている。

縦一メートルを超える条幅一面に、枯筆で大胆に瓢箪を描いている。瓢箪図は、紙に収まりきれず、大きくはみ出ている。余白には、ポチャポチャ言わせないぐらいいっぱいに書を配している。風雅で、気負いのない壮大な作品である。

上。酒酌み交わす半泥子。半泥子は、けっして酒豪ではないが、酒席は嫌いではない。相手の話を引き出すのもうまい。引き出しながら、相手を美の世界に引き込んでゆく。いずれの土とて焼物にならざるはなし、と言った半泥子だが、どうにもならない、扱いがたい俗人はどのように扱ったか。

莫加八笑人図　一九五六（昭和31）年

莫加八笑人　申六月二十四日
尊寿院寛暁　無茶法師謹写　有馬の平内
千歳のうら也　鉄山人　藤本木田
二夕月庵主　行橋要津主人　青年半泥子
七十九才

茶を楽しむ半泥子

「莫加八笑人」。仁和寺の僧侶・木田寛暁、画家・藤本木田、陶芸家・小西平内、料亭の亭主など、それらの八莫加が集まって茶を喫する。

「尊寿院」とは京都仁和寺の木田寛暁である。「有馬の平内」は陶芸家・小西平内（87ページ）。京都の乾山窯跡の調査のおり、平内は半泥子に同行して法蔵寺に行っている。「千歳のうら也」とは半泥子に終生扈従した藤田等風のこと。千歳山の裏に住んでいたから「裏成」と名付けられた。等風は戦後、胃潰瘍を患ったので、固い物を食べずに、豆腐を好んで食したので、自ら「等風」と名乗った。

茶席に背を向けて寝そべるは青年半泥子、七十九歳。これらの人々を無茶法師が「謹写」した。

上は、自作の茶碗で茶を点てて喫する半泥子。あぐらで悠々。

刷毛目茶碗　銘「わすれな艸」一九五五（昭和30）年

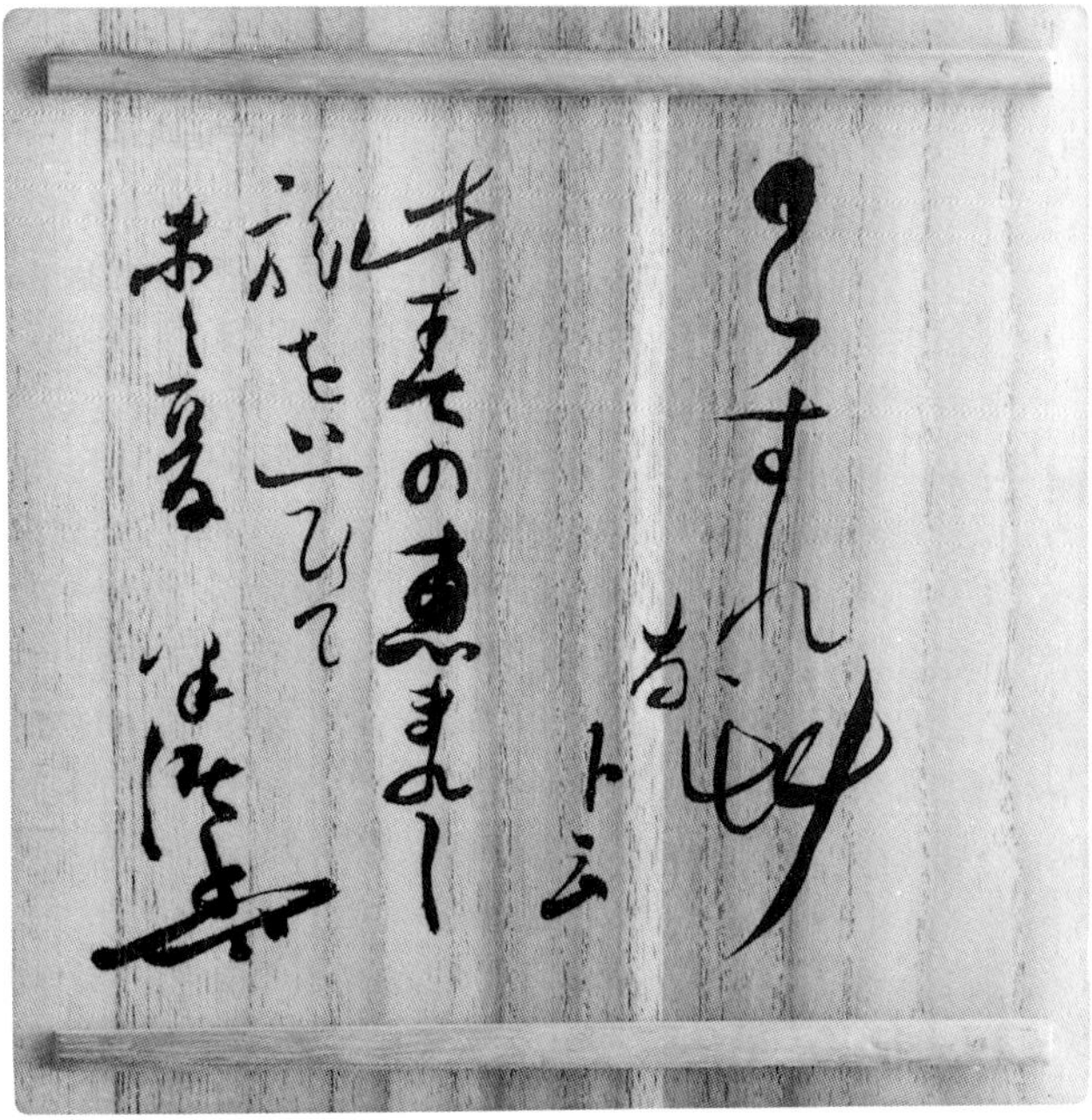

同箱書

わすれな艸ト云　此春の恵まれし旅を思ひて　未之夏　半泥子

「わすれな艸」は一九五五（昭30）年の、為賀夫人との九州、四国一周旅行を偲び、名付けた。箱書の「な」を忘れ、後から書き加えたと見せるのは、故意か偶然か。

平茶碗で、刷毛目風の釉がけに濃淡があり、おのずからなる風景をなしている。悠然として風格がある。

半泥子の作陶は、一見豪放に見えるが、つねに厳しい想念を抱き、たえざる修練を積みながら、しかも風雅に遊ぶ精神を忘れなかった。作品は飄々としてとぼけたものが多いが、その場合でも侵しがたい気品が漂う。孤高と言ってもいいような厳しさもある。涙の出るようなやさしさもある。素人も玄人もない美の境地に遊ぶことができたからである。

書「慶世羅々」一九五八（昭和33）年

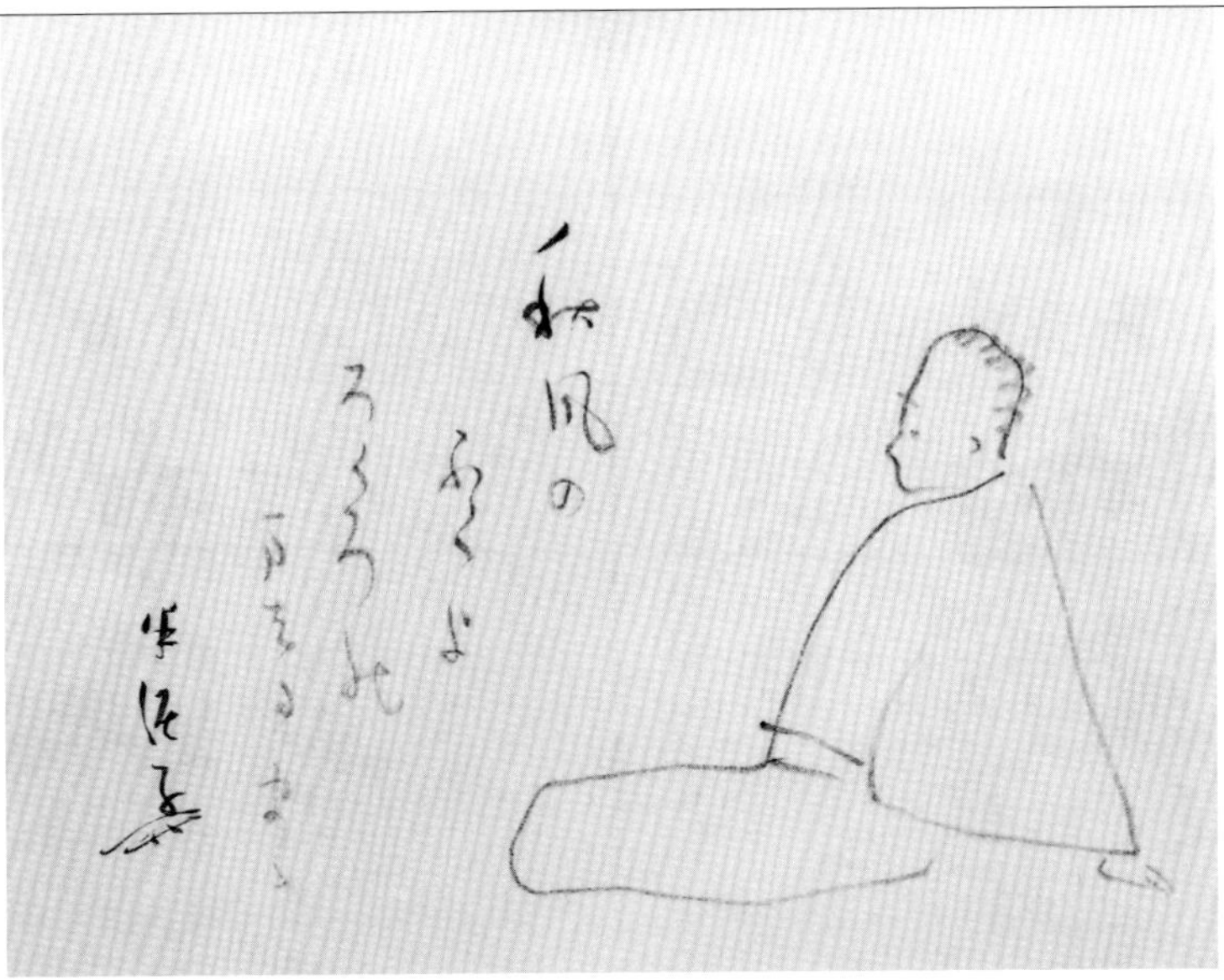

自画像『半泥子八十賀百碗鑑』一九五七（昭和32）年刊行
半泥子八十賀百碗鑑刊行会発行　印刷光琳社）

秋風のふくよろくろのまはるまゝ　半泥子

半泥子が八十になる前年、ある密謀がなされていた。密謀者は仁和寺の木田寛暁、画家の藤本木田、陶芸家の小西平内、藤田等風の四名である。四名は同道して半泥子を襲い、言った。明年、半泥子の傘寿の祝いをしたい。ついては、参加者に配るため、茶碗を八十個用意して欲しいという。やがてまた来て、希望者が多いので百碗にしてくれという。

上の図はこの時に刊行した『半泥子八十賀百碗鑑』の巻頭に掲げられた自画像である。すでに「六十賀」および喜寿（七十七歳）のときも、それぞれの数に合わせた個数の茶碗を作り配っている。

八十賀の祝いは、京都の仁和寺で行なわれた。その席に掲げられたのが「慶世羅々々」である。「ケセラセラ」と読む。スペイン語のque será será。「なるようになれ」という意味である。一九五六年のアメリカ映画「知り過ぎていた男」の主題歌にこの言葉はあった。

この歌が流行したとき、世間ではいささか投げやりの感じをその言葉に抱いたはずである。しかし、半泥子は「なるようになれ」ではなく、「なるようにしかならぬ」と解釈している。そのままこそよい、という考えである。半泥子の別号に「其飯」（97ページ）というのがある。「そのまま」のこと。

仲良し雛図　一九五九（昭和34）年

おかんむり　曲げては見ても　紙雛の　御夫婦仲はまん丸な貌（かお）
昭和三十四年三月節句　八十二　病半泥子

為賀夫人と半泥子

一九一一（明治44）年、半泥子は三十四歳のとき、津の名家、田中次郎左衛門から雛を譲ってもらうことになり、婚礼がなされた。仲人は松阪の長谷川次郎兵衛。

半泥子夫妻は、雛の姿でこれを迎えた。半泥子は衣冠束帯で威張っていたが、為賀夫人は「太い海苔巻きのおすしに帯を締めたよう」で、両脇の袖穴から両手がニュッと出た姿。かくて温厚貞淑なる為賀夫人も「おかんむり」を曲げたという。

それを聞いて「集古会」の山中笑から、狂歌が三首届いた。その一首。

蛤も口を開いて笑うらん大人遊びのひなの輿入れ

それから四十八年後、半泥子八十二歳の雛祭りのとき、そのことを思いだし、病床でこの絵を描いた。落款に「病半泥子」とあるのは、前年の十一月に狭心症を起こし、以後病床に親しむことが多くなったことによる。病をきっかけに陶器の制作を絶ち、以後は書画と俳句を楽しむようになった。

書「寒熱の」

寒熱の地獄に通ふ　茶びしゃくも　心なければ苦しみもなし　倣白隠　半泥子

轆轤を廻す半泥子

戦国時代の禅僧・快川紹喜は、甲斐の国・恵林寺の住職であったとき、織田信長の攻撃を受けた武田勝頼方の兵をかくまった。そのことに怒った信長により、寺を焼かれたとき、快川は山門楼上に座し、「心頭を滅却すれば火もまた涼し」（『碧巌録』）と唱え、従容として死んだと言う。

利休もまた、この言葉により解悟するところがあった。茶の柄杓は、釜の熱湯に入れば、水指の冷水にも入る。しかし、柄杓には心がないから苦しみがない。人もまた無心でありたい、と。

作品の制作年代は不明であるが、おそらく晩年に書かれたと思われる。力のこもった傑作である。

上は　轆轤を廻す半泥子。半泥子また無心である。

小坊主図「蓮の葉に」

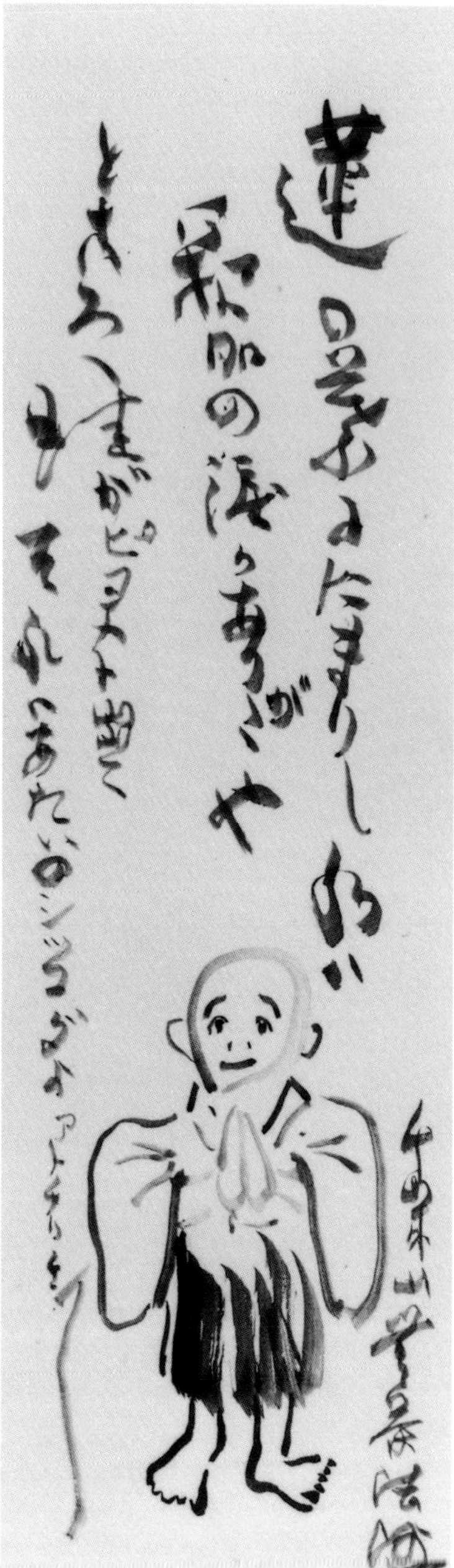

蓮の葉にたまりし水は　釈迦の涙かありがたや　ところへ蛙がピヨカトと出て
それはあたいのシッコダよアトチリチン〱　千歳山　無茶法師

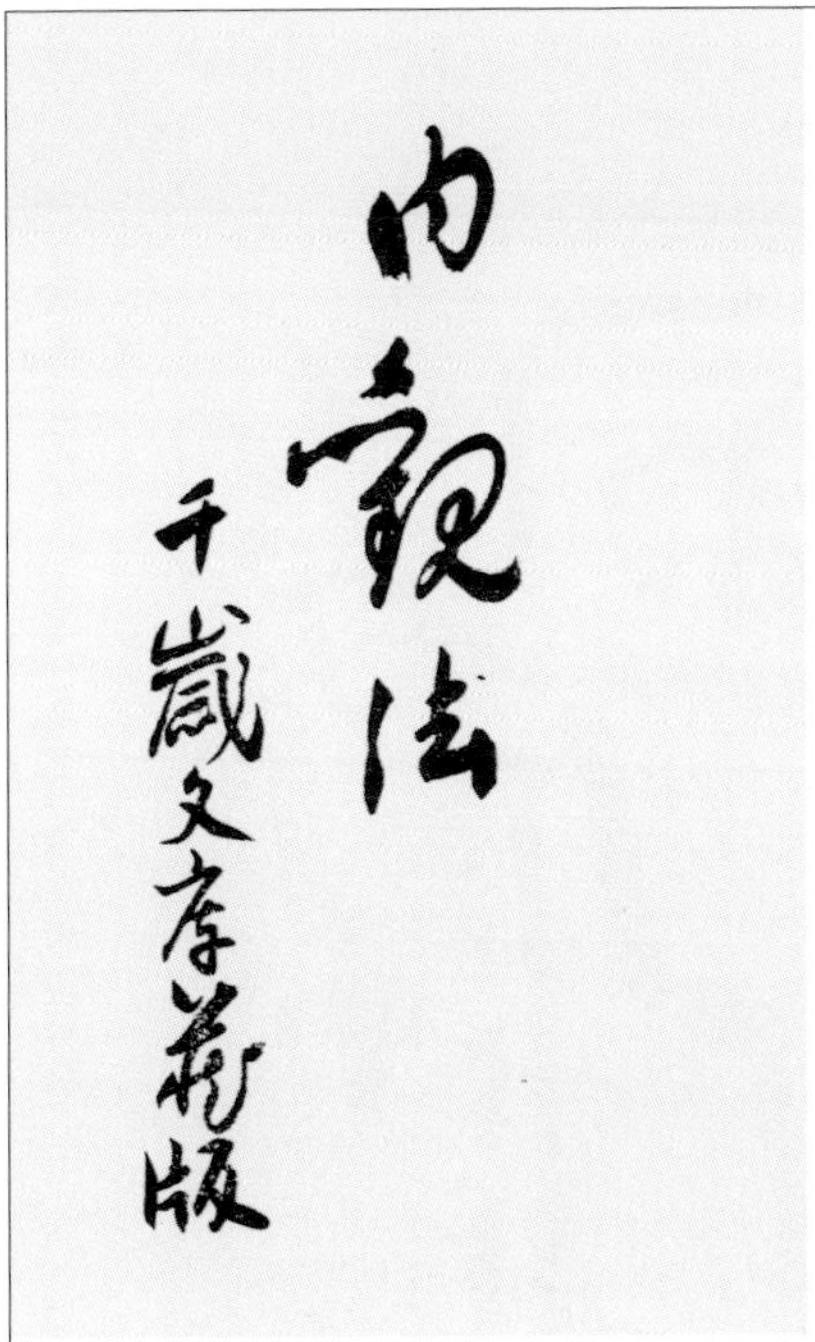

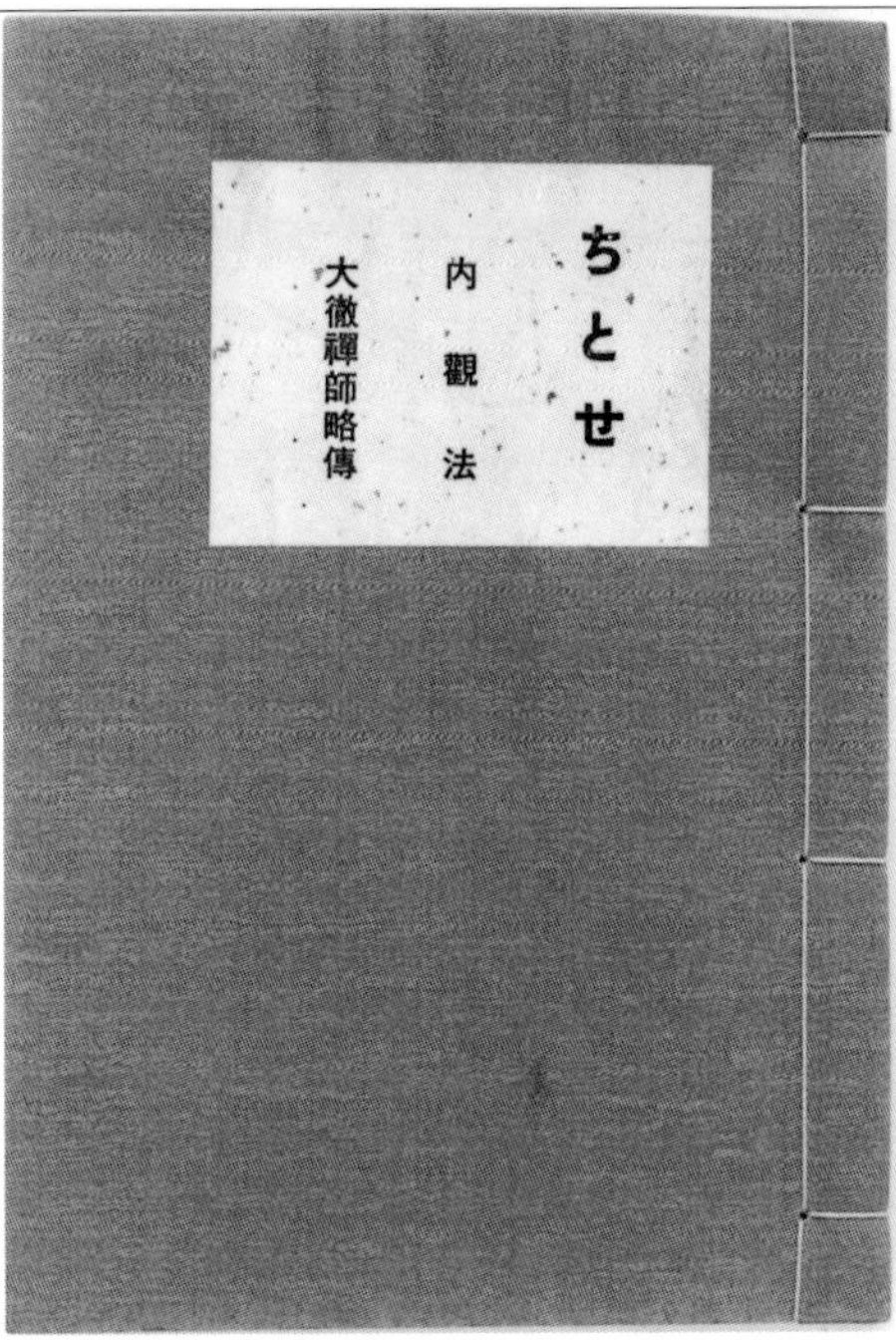

『ちとせ　内観法　大徹禅師略伝』一九二八（昭和3）年発行

右の歌、仏法の精神を失った現代仏教に対する痛烈な批判である。この歌、室町時代の禅僧・一休宗純（一三九四〜一四八一）を彷彿させる。

ある金持ちの家から法事に呼ばれた一休は、卑しい乞食のさまで行ったら、主人から追い返された。少し遅れて、今度は金襴の袈裟を着て出かけ、下郎の坐る席に座して読経し、終わるやお斎を断り、金襴紫衣を脱いで、その上に布施を置き、「お布施はこの衣がいただくもの」と言い残して帰った。一休は大徳寺の管長にもなったが、そこに住まず遠く離れた粗末な庵から大徳寺に通った。

半泥子が大徹禅師に参禅したとき（15ページ）「数息観」という一種の呼吸法を学び、やがて「無」の境地にいたる「内観法」なるものを修行した。暖衣飽食を厳しく戒められた。

それから十数年経って半泥子は、『ちとせ　内観法　大徹禅師略伝』を発行した。まるで昨日聞いたごとく、それは生き生きと書かれている。

自画像「わたしゃこうして」一九五九（昭和34）年

わたしゃこうしているわいな　素風様　半泥子

お多福図

遠仁疎道　半泥子

乾山を超え、光悦を超えたいと願った半泥子であったが、一九五八（昭和33）年、八十一歳で狭心症で倒れた。以後病床生活に入る。

半泥子に「臥遊」という書がある。病床にあり、なお心は悠々として遊んだ。それまでの随想を整理させ『莫加野盧之記』を発行した。轆轤は停まったが、筆はなお活躍した。

上の絵。お多福が円の中におさまる。円の外に「遠仁疎道」すなわち「鬼は外」。あわせて「福は内、鬼は外」。

上の絵。お多福か鬼か。はてさて、人間とは奇妙な存在である。

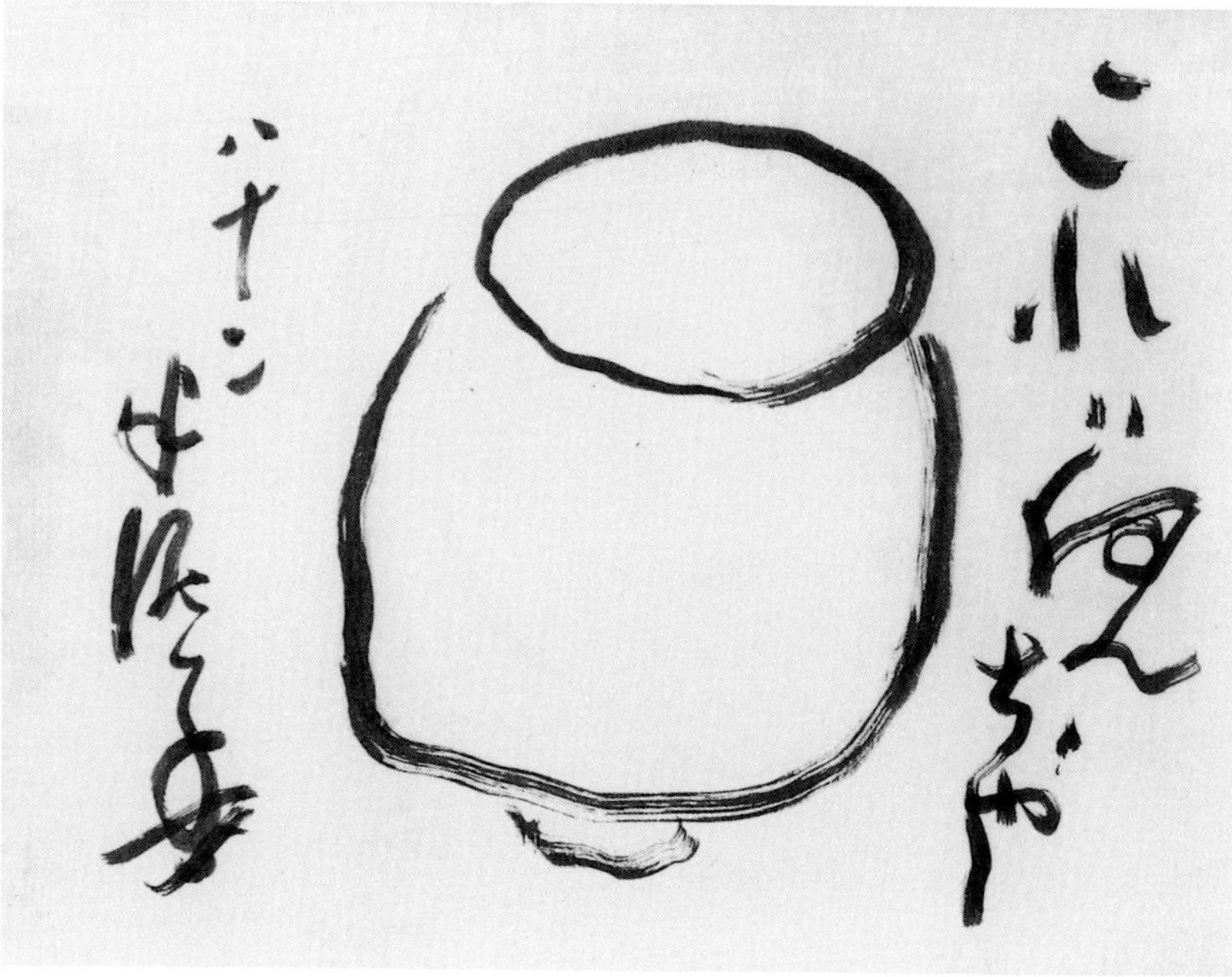

茶碗図「これは何んぢゃ」一九五九（昭和34）年

これは何んぢゃ　八十二　半泥子

八十歳の日の半泥子

「これは何じゃ」。これは茶碗である、と答えたら落第である。さらば何じゃ、さあさあ即答せよ。禅問答である。これは仙崖の世界である、と藤田等風（177ページ）は言った。

仙崖義梵（一七五〇〜一八三七）は、江戸時代後期の禅僧。簡素な生活を送る一方、瓢逸にして機知に富んだ書画をよくした（49ページ）。白隠とともに近世を代表する禅画家。

『莫加野盧之記』表紙絵　一九六〇（昭和35）年刊

佐伯定胤書　扁額「莫加椰廬」

莫加椰廬　胤老書

東京からの帰り、千歳山にもっとも近い駅、津市内の阿漕駅で汽車を降りたとき、その扉をぴしゃりと閉めた。ところが、その汽車に乗ろうとしていた男がいて、「バカヤロー」と怒鳴った。「ナルホドなー」と言い、半泥子は二ヤリと笑った。怒鳴られて禅の公案を解いた思いがした。そうだ、バカヤロー。これからはバカヤローに徹しようと思った。一九四四（昭和19）年のことであった。戦後、広永に移り住んだ茅屋を「莫加野廬」と称し、また「鳴穂堂」と名付けた。これを聞いて法隆寺の管長・佐伯定胤（じょういん）は「莫加椰廬」と書いて送った。「莫加」は大きいこと、すぐれたことを意味する。

半泥子は、折に触れて書いてきたメモをまとめ、『莫加野廬之記』を刊行した。編者は藤田等風。その内容は驚くほど多様性に富んでいる。食塩、甘酒、黒砂糖の製法、柿の木の手入れ法、動物の病気のことなど、農業に関する知識の聞き書きなど。なかに、息子の川喜田二郎が一九五三（昭和28）年、ネパールから送ってきた長文の手紙を、そっくりそのまま載せている。川喜田二郎は帰国後、一九五八（昭和33）年『ネパール探検記』を発行（光文社）、これがベストセラーになった。

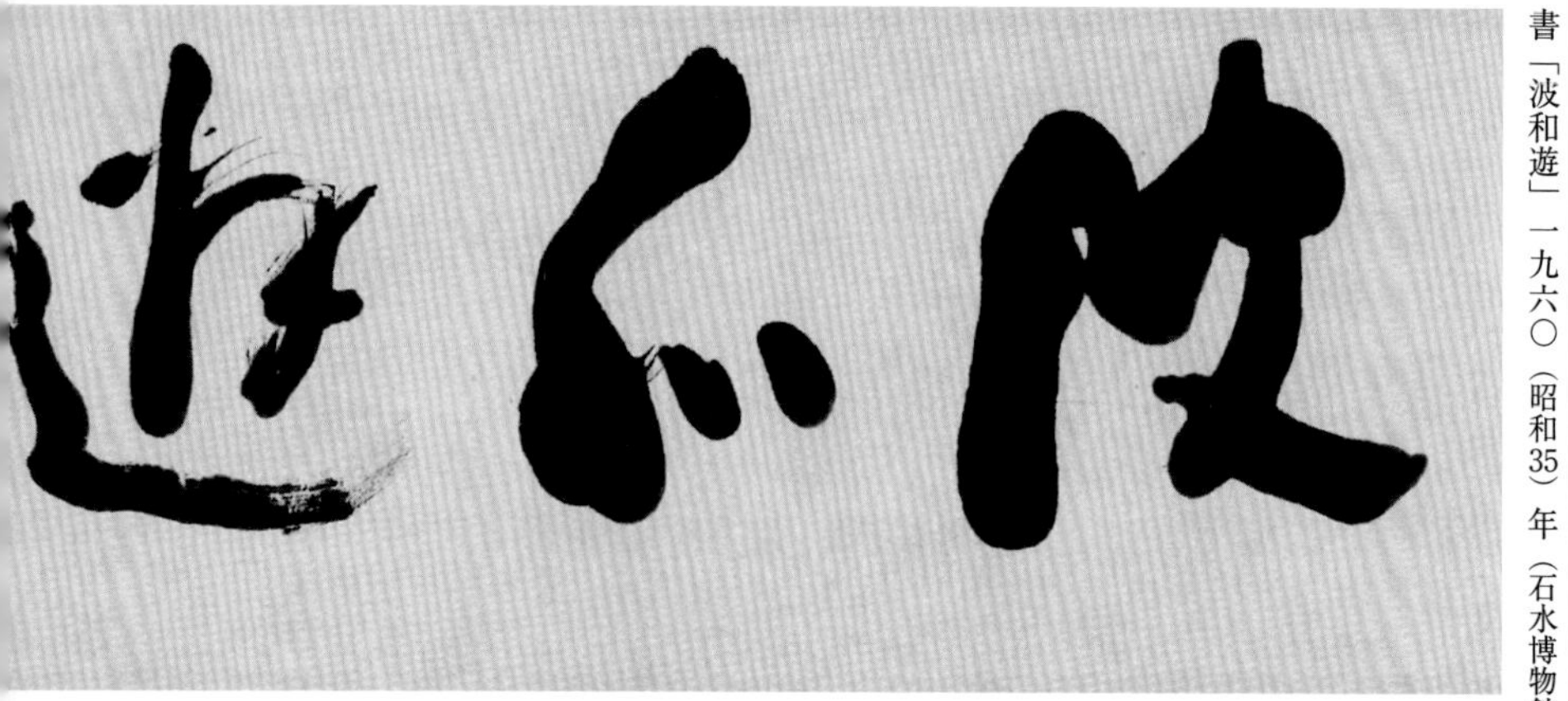

書「波和遊」一九六〇（昭和35）年（石水博物館蔵）

波和遊　八十三　半泥子

「波和遊」は、"How are you?"。「把和遊」と書くこともあった。

この書。たっぷりと墨を含ませた筆を悠々と運ぶ傑作。八十三歳とは思えない瑞々しく清々しい書である。

左の写真は、厨子におさまる自作半泥子像。高さ二十四センチ。像の背面に「秋晴れやおれはろくろのまわるまま」と書いてある。

半泥子は、最近体が不自由になった。せっかく泥仏堂に来る人があっても、失礼することがあってはいけない。故に本人の身代わりにこの像を置いた。首が回るようにできているのは、気に入らない客が来たとき、ソッポを向くためだと、藤田等風は言った。

像が鎮座する厨子の扉の内側、向かって右に「把和遊」(How are you?)、左に「喊阿厳（Come again.)」。この像は一九五八（昭和33）年、半泥子八十歳のとき、広永陶苑内「泥仏堂」に納められた。

他に「植咬」という挨拶がある。"Well Come." 風流心なき客は咬まれるかもしれない。

半泥子像　一九五八（昭和33）年

鐘馗図「しょうきか」

しょうきか　しょうきぢゃく　半泥子

芸林
1964 第14号 川喜田久太夫翁記念号
百五銀行行友会文化部

雑誌「芸林」一九六四（昭和39）年 川喜田久太夫翁記念号

鐘馗は中国、唐代の人。死して、魔を除く神になったという。日本でも五月幟に描かれ、五月人形にもなった。正気じゃ、正気じゃと嘯くのは、鐘馗か半泥子か。

狂気の時代があった。そのなかで正気を保つことが、いかに困難か。

半泥子は、銀行の業務にソッポを向いていたわけではない。必要な先にはしっかりと楔を打った。百五銀行においても、さまざまな交流を試みた。それを受けて、内部の親睦団体「行友会」においては、その雑誌「芸林」において「半泥子特集」を二度実行した。

一つは、一九五七（昭和32）年の「川喜田相談役八十祝賀記念号」。表紙は半泥子描くところの虎の絵。中には、半泥子の少年時代以来の写真も多く載せる。ただし勲章佩用の写真は一切断った。

もう一つは、半泥子没年の翌年、すなわち一九六四（昭和39）年に発行された「川喜田久太夫翁記念号」。表紙は半泥子揮毫になる題字と自画像。全ページアート紙を用い、これに陶芸六十八点、画三十六点、書十三点、書状十三点が載せられている。すべて行員の所有するものであった。

書「お前百まで」一九六〇（昭和35）年

お前百までわしゃいつまでも　八十三　半泥子

半泥子の墓

「お前百まで」は民謡の一節。「お前百まで、わしゃ九十九まで　共に白髪の生えるまで」と続くが、半泥子は「わしゃいつまでも」と茶化している。

半泥子二十六歳にして、百五銀行に取締役として入行、四十二歳、頭取。六十八歳、取締役会長。七十三歳、相談役。七十六歳、勤続五十年で同行より表彰を受ける。その間よき補佐の助けを得て、同行の堅実経営に徹した。

一九六三（昭和38）年十月二十六日、半泥子は津市の自邸・千歳山荘で八十四年の生涯を閉じた。十一月二日、百五銀行葬がとりおこなわれ、三千人が参列した。供花、供物は一切辞退し、参道筋の背の低い建仁寺垣に、黄菊、白菊の生花が清楚であった。

津市の郊外、川喜田家発祥の地である納所に半泥子は眠る。

この墓碑、真ん中に祖母・政の法名。右に半泥子「仙鶴院釈半泥自在居士」。左にのち為賀夫人の名が加えられた。

台石を含め地上からの高さ七十センチ余。半泥子の志が見える。

編集を終えて

半泥子の精神を支える四つの柱があった。

(1) 祖母遺訓　素封家の一人息子として、半泥子がわがままに育つことを、祖母は厳しく戒めた。「己をほむる者はあくまとおもうへし。我をそしる者は、善知しきと思うへし」と。半泥子はその遺訓をつねに懐中していた。みずからを「莫加野廬」と称した。

(2) 参禅　祖母に奨められ、江戸動坂で大徹禅師について参禅した。その参禅ぶりは、一休禅師を思わせる類の天衣無縫なものがあり、これが半泥子の精神形成に強く影響した。

(3) 光悦敬慕　半泥子が唯一芸の師と仰いだのは本阿弥光悦であった。芸について光悦はシロートであり、作品を売る必要がない、ゆえに己れの欲するものを造ることができた、と。光悦と同様、半泥子また多方面に才能を発揮した。

(4) 実証精神　半泥子は、なにごともみずからの眼、みずからの手で確かめなければ気がすまなかった。陶芸でも、土もみ、ろくろ成形から、絵付け、焼成まで、すべてみずから行なった。乾山窯を発掘し、また朝鮮半島まで出かけて、廃墟となった窯を修復し、現地の土で焼くことまでした。

一方で半泥子は、百五銀行の責任者として堅実経営に徹し、いくつかの恐慌をも切り抜けた。細部は部下に任せたが、取引先や関係官庁などへの手の打ち方は、自然体であり的確であった。

この作品集は、石水博物館・龍泉寺由佳さんとの共同編集による。石水博物館では、すでにいくつかの半泥子作品の図録を編んでいる。今度も、資料の収集、所有者との交渉から、記事の表現にまでずいぶんお世話になった。教えていただくことも多かった。

石水博物館の館長・川喜田貞久氏のお力添え、もちろん欠かせなかった。日本経済新聞社、広永陶苑をはじめ、黒田和哉氏、久田宗也氏、稲垣豊穣氏やその他半泥子作品を所有される方々にもお世話になった。深く感謝します。二玄社美術部の渡邊敏子さん、写真部の三井保司さんにも。

二〇〇七年三月

千早耿一郎

1950（昭25）72歳	百五銀行会長を辞し相談役に就任
1951（昭26）73歳	パリ、ロンドン、アメリカを巡回する日本陶芸展に茶碗「一トめぐり」（後に命銘）を出品
1953（昭28）76歳	東京で日高昌克と共同展を開く 安愚楽倶楽部を開く
1954（昭29）76歳	喜寿を記念して茶碗77碗をつくる
1956（昭31）78歳	友人たちに勧められ八十寿記念の茶碗80碗の制作をはじめる（希望者多数により後に100碗になる）
1957（昭32）79歳	仁和寺で八十寿祝賀会開催　参加者100人に記念の茶碗と図録『半泥子八十賀百碗鑑』をおくる
1958（昭33）80歳	広永窯に泥仏堂を建立 狭心症のため倒れる
1960（昭35）82歳	『莫加野廬之記』刊行
1963（昭38）	10月26日老衰のため死去　享年84歳
1964（昭39）	三重県立博物館、津松菱百貨店において「川喜田久太夫翁記念 半泥子展」開催
1966（昭41）	丸栄百貨店において「半泥子風雅展」開催
1970（昭45）	大阪高島屋において「半泥子翁回顧展」開催
1982（昭57）	石水博物館において「川喜田半泥子遺作展」開催
1984（昭59）	三重県立美術館において「生誕105年記念 川喜田半泥子展」開催
1986（昭61）	石水博物館において「第2回川喜田半泥子遺作展」開催
1987（昭62）	藤田等風編『定本川喜田半泥子作品集』（淡交社）刊行
1988（昭63）	千早耿一郎著『おれはろくろのまわるまま　評伝・川喜田半泥子』（日本経済新聞社）刊行
1989（平1）	桑名市博物館において「川喜田半泥子展」開催 常滑市立陶芸研究所において「現代陶芸の先覚 魯山人 半泥子展」開催
1991（平3）	朝日新聞社ほかの主催で「川喜田半泥子展」が銀座松屋、MOA美術館、大阪市立東洋陶磁美術館、尾道市立美術館を巡回（翌年4月まで）
1992（平4）	中部近鉄百貨店四日市店で「川喜田半泥子展」開催
1995（平7）	名都美術館で「川喜田半泥子展」開催
1996（平8）	桑名市博物館において企画展「川喜田半泥子の茶陶」開催
1998（平10）	香雪美術館において「魯山人と半泥子　二大文人陶芸展」開催 石水博物館において生誕120年記念展「川喜田半泥子の書と絵画」開催 三重県立美術館県民ギャラリーにおいて「川喜田半泥子展」開催
2000（平12）	石水博物館において石水会館70周年記念特別展「川喜田半泥子の眼」開催
2003（平15）	石水博物館において特別展「川喜田半泥子と俳句」開催
2005（平17）	石水博物館において企画展「写真家川喜田半泥子」開催 石水博物館において石水博物館30周年記念特別展「川喜田半泥子の茶陶」開催

※年齢はその年の満年齢で表示

	石水会館公会堂落成
1932（昭 7）54歳	自己流の本窯で初めて意にかなうものができる
1933（昭 8）55歳	川喜田商店創業300年のお祝いに従業員一同から登り窯の寄贈をうけ、小山冨士夫の設計で二袋煙突式の松薪窯を千歳山に築いて轆轤場を「泥仏堂」と名付け、号としても用いる
1934（昭 9）56歳	多治見や瀬戸の登り窯、唐津や朝鮮の古窯などを見学
	加藤唐九郎が初めて千歳山に来る
	川喜田商店創業300年祭記念にお竹大日の錦絵の版下を描き、300枚を摺る
1935（昭10）57歳	『焼もの趣味』に「泥仏堂日録」を書き始める
1936（昭11）58歳	備前に金重陶陽を訪ね、親交が始まる
	唐津に中里太郎右衛門を訪ね、21日間滞在（加藤唐九郎も同行）
	尾張喜多山に尼水荘天狗窯完成
	川喜田商店の三百年を記念し、『大伝馬町』を刊行
1937（昭12）59歳	初めて赤絵を試みる
	朝鮮半島を旅行して山田萬吉郎を訪ね、廃窯を築きなおして一窯焚く
	東京星岡山の茶屋で「無茶法師作陶展」を開く
1938（昭13）60歳	還暦記念に赤絵梅文茶碗66碗（61碗説あり）をつくる
	川喜田商店閉店
	茶の湯の師十一世久田宗也、九世千宗守が来山 茶室の建築を勧められる
1939（昭14）61歳	千歳山に茶席「山里」をつくる
1940（昭15）62歳	荒川豊蔵らと京都鳴滝の乾山窯跡を調査
1941（昭16）63歳	乾山研究のため、京都仁和寺で『仁和寺御記』を調査する
	以来同寺の木田寛暁と親交
	岡山、虫明、徳山、萩、唐津を歴遊し、各地で制作 初代小西平内ら入門
	千歳山に三笠宮を迎え、貞明皇太后に茶碗４碗、水指１口を献上
1942（昭17）64歳	荒川豊蔵、金重陶陽、三輪休和（十代休雪）と「からひね会」を結成
	荒川豊蔵、小西平内、藤田等風らと乾山窯跡を発掘
1943（昭18）65歳	『乾山考』刊行
	『千歳山半泥子六十六名碗鑒』刊行
	この頃仁和寺から仁清窯復興の相談あり
1944（昭19）66歳	仁和寺岡本慈航門跡の喜寿祝に、仁和寺土で作った茶碗77碗を贈る
	人から「バカヤロウ」と怒鳴られて「ナルホド」と悟り、以後「莫加野廬」「鳴穂堂主人」の別号を用いる
	明治生命取締役に就任
1945（昭20）67歳	百五銀行頭取を辞し会長に就任
	津市郊外の広永に疎開
1946（昭21）68歳	広永陶苑創設 千歳山の窯を津市郊外の広永に移す 坪島土平入門
1947（昭22）69歳	広永窯初窯
1948（昭23）70歳	吉田耕三入門
	大阪で「広永一門展」を開く その他各地で個展開催

川喜田半泥子略年譜

1878（明11）		11月6日大阪市で出生 幼名善太郎
1879（明12）	1歳	祖父政明（十四代久太夫、号・石水）、父政豊（十五代久太夫）の相次ぐ死去に伴い家督相続、十六代久太夫政令襲名　祖母政は母稔を実家にかえす（後に平瀬家に再嫁）、以降政に育てられる
1894（明27）	16歳	この頃三重県尋常中学校（現津高校）で当時美術の教諭として赴任していた藤島武二から洋画を学ぶ
1900（明33）	22歳	東京専門学校（現早稲田大学商学部）に入学
1901（明34）	23歳	分家川喜田四郎兵衛長女為賀と結婚
1903（明36）	25歳	百五銀行取締役に就任
1906（明39）	28歳	祖母 政死去
1908（明41）	30歳	大徹禅師に初めて参禅
1909（明42）	31歳	大徹禅師から内観法を授かる 津市議会議員に当選
1910（明43）	32歳	三重県議会議員に当選
1912（大1）	34歳	この頃から千歳山の土で楽焼を試みる
1913（大2）	35歳	三重県農工銀行取締役に就任 はじめて中国大陸、朝鮮半島を旅行
1914（大3）	36歳	前年の旅の記念に『唐子の友』刊行
1915（大4）	37歳	津市分部町の旧宅から郊外の千歳山荘に移る
1916（大5）	38歳	三重農工銀行頭取に就任 日本画を狩野派の三谷有信に従学する
1919（大8）	41歳	三重農工銀行頭取を辞任し、百五銀行頭取に就任
1920（大9）	42歳	津市に安東焼再興の窯を造る
1921（大10）	43歳	三重共同貯蓄銀行頭取に就任
1922（大11）	44歳	相互商事社長、三重合同電気（のち中部電力に合併）社長、一志銀行頭取に就任
1923（大12）	45歳	長男壮太郎と共に欧米旅行 マチス・ドンゲン・ボナールなどの絵画を入手 梶島一藻主催の俳誌『鳰』の同人に加わる この年から「無茶法師」の号を用いる
1924（大13）	46歳	家族全員で上海旅行 津消防組に消防ポンプ車を寄贈
1925（大14）	47歳	千歳山に石炭窯を築き初窯を焚く 明治生命監査役に就任
1927（昭2）	49歳	壮太郎、二男俊二と共にインドネシア、カンボジアなどを旅行
1928（昭3）	50歳	前年の旅を紀行『じゃわさらさ』にまとめ刊行 大徹禅師のおしえを『内観法』にまとめ刊行
1930（昭5）	52歳	国庫債券、分部町旧宅など私財50万円を寄付し、社会事業と地域文化振興の拠点として財団法人石水会館を設立 千歳山中に千歳文庫を建設
1931（昭6）	53歳	亡祖母政の供養のため千歳山に紅梅閣建立

索　　引

著者略歴

■千早耿一郎（ちはやこういちろう）
一九二二年、滋賀県生まれ。日本銀行を経て百五銀行に勤務した。日本現代詩人会会員。著書に詩集『長江』『黄河』『風の墓標』『いちゃりばちょーでー』、評論『悪文の構造』『事務の科学』、小説『防人の歌』『蝙蝠の街』、評伝『おれはろくろのまわるまま　評伝川喜田半泥子』（日本経済新聞社）『大和の最期、それから』（講談社）などがある。

■龍泉寺由佳（りゅうせんじゆか）
一九七一年、大阪府生まれ。京都外国語大学外国語学部フランス語学科卒。四日市市立博物館勤務をへて、一九九四年より、財団法人石水会館石水博物館学芸員。「川喜田半泥子の書と絵画」「川喜田半泥子の眼」「川喜田半泥子の茶陶」などの特別展を担当。

川喜田半泥子（かわきたはんでいし）　無茶の芸（むちゃのげい）

2007年3月20日　初版発行
2010年2月5日　2刷発行

著　者　千早耿一郎・龍泉寺由佳
発行者　黒須雪子
発行所　株式会社 二玄社
〒101-8419 東京都千代田区神田神保町2-2
営業部　〒113-0021 東京都文京区本駒込6-2-1
電話 03 (5395) 0511　FAX 03 (5395) 0515

装丁　柴永事務所　中村竜太郎
組版　ダイワコムズ
印刷　東京印書館
製本　積信堂

ISBN978-4-544-20005-8 C0076